U0532960

"十四五"国家重点出版物规划项目

日本远东战争罪行丛书

士兵的战场

体验与记忆的历史化

总顾问｜张宪文　主编｜范国平
[日]山田朗｜著
张煜｜译　彭程｜审校

重庆出版社

HEISHI TACHI NO SENJO: TAIKEN TO KIOKU NO REKISHIKA
by Akira Yamada
© 2015 by Akira Yamada
Originally published in 2015 by Iwanami Shoten, Publishers, Tokyo.
This simplified Chinese edition published in 2025
by Beijing Alpha Books Co, Inc., Beijing
by arrangement with Iwanami Shoten, Publishers, Tokyo

版贸核渝字（2024）第310号

图书在版编目（CIP）数据
士兵的战场：体验与记忆的历史化 /（日）山田朗著；张煜译；范国平主编. -- 重庆：重庆出版社，2025.7. -- ISBN 978-7-229-15582-7
Ⅰ. K313.46
中国国家版本馆CIP数据核字第2025RZ1236号

士兵的战场：体验与记忆的历史化
SHIBING DE ZHANCHANG: TIYAN YU JIYI DE LISHIHUA
[日]山田朗 著 张煜 译 张宪文 总顾问 范国平 主编 彭程 审校

出　　品：	华章同人
出版监制：	徐宪江　连　果
出版统筹：	张铁成
策划编辑：	刘　红
责任编辑：	宋艳歌
特约编辑：	姜士彬
营销编辑：	刘晓艳
责任印制：	梁善池
责任校对：	刘　艳
封面设计：	众己·设计　微信：orange_pencil

重庆出版社 出版
（重庆市南岸区南滨路162号1幢）
天津淘质印艺科技发展有限公司　印刷
重庆出版社有限责任公司　发行
邮购电话：010-85869375
全国新华书店经销

开本：680mm×980mm　1/16　印张：14.25　字数：192千
2025年7月第1版　2025年7月第1次印刷
定价：69.80元

如有印装质量问题，请致电023-61520678
版权所有，侵权必究

《日本远东战争罪行丛书》
学术委员会

总顾问

张宪文　四川师范大学日本战争罪行研究协同创新中心名誉主任、教授、季我努学社荣誉社长

主任

张连红　南京师范大学副校长、历史系教授
潘　洵　西南大学党委副书记、马克思主义学院院长、教授

委员（以姓氏笔画排序）

马振犊　中国第二历史档案馆原馆长、研究员
刘　波　国防大学军事文化学院副教授、大校
刘向东　军事科学院《军事历史》杂志社总编辑、研究员
江　沛　南开大学历史学院院长、教授
祁建民　长崎县立大学国际社会学院教授、国际东亚汉学研究学会副会长
汤重南　中国社会科学院世界历史研究所研究员、中国日本史学会荣誉会长
苏智良　上海师范大学人文学院院长、教授
吴先斌　南京民间抗日战争博物馆馆长
张　皓　北京师范大学历史学院院长
张宏波　日本明治学院大学教授
周　勇　西南大学中国抗战大后方研究协同创新中心主任、教授
宗成康　南京政治学院历史系教授
黄兴涛　中国人民大学历史学院院长、教授
萨　苏　著名抗战史专家、日本问题研究专家
程兆奇　上海交通大学东京审判研究中心主任、教授

《日本远东战争罪行丛书》翻译委员会

主任、总校译

范国平　季我努学社社长

委员（以姓氏笔画排序）

叶　龙　牟伦海　李学华
李　越　张　煜　郭　鑫
彭　程　覃秀红

丛书总序一

再塑从全球视野揭露日本罪行的"典范之作"

时光如白驹过隙，自2015年12月《日本远东战争罪行丛书》第一辑出版后，九年时间已经过去了，《日本远东战争罪行丛书》第二辑的作品也已经陆续出版。我还清晰地记得在南京民间抗战博物馆召开丛书第一辑新书讨论会的情景。诸多与会专家高度肯定了丛书第一辑，将其誉为"从全球视角揭露日本战争罪行的典范之作"。

中宣部、国家新闻出版署给予《日本远东战争罪行丛书》很高的荣誉。第一辑（四卷本）获得"十二五"国家重点出版物规划项目、中宣部及国家新闻出版署"一百种抗战经典读物"称号。第二辑（三卷本）获得了"十三五"国家重点出版物规划项目称号及2019年度国家出版基金资助。第三辑（六卷本）于2022年入选"十四五"国家重点出版物规划项目，2023年入选重庆"十四五"重点出版物出版项目规划，其中五本获得2024年度国家出版基金资助。

我一直主张要将日本侵华战争的视野扩充到亚洲太平洋领域，日本在二战期间对被其侵略的亚洲各国人民及西方国家的平民和战俘犯下了罄竹难书的、令人发指的战争暴行。在我主编的教育部重大委托项目"抗战百卷"中，我将日本在东南亚战争暴行的研究交给了季我努学社的三位青年学者。重庆大学历史文化研究中心的钱锋副教授负责"巴丹死亡行军"暴行的研究；南京大学政府管理学院的刘超教授负责"缅泰死亡铁路"暴行的研究；武汉大学历史学院的王萌教授负责日本在东南亚地区整体暴行的研究。这三位都是季我努学社青年学者群体当中的优秀代表。

我非常鼓励季我努学社与重庆出版社持续地对日本在中国以外地

区战争暴行领域进行开拓性研究及出版。由于语言和资料搜集的障碍，也由于中国本土的日本战争暴行更加容易获得各类科研项目资助的原因，国内学者愿意将关于日本战争暴行研究的学术视野放到中国以外地区的不多。然而，日本在二战中的战争暴行，不仅仅伤害了中国人民，也伤害了被其侵略的东南亚国家和遭受其蹂躏的西方国家的战俘和平民，并且它对在其殖民统治之下的朝鲜、中国台湾和所谓"满洲国"的人民也造成了伤害。

现在中国国力日益强盛，国内的科研经费相对充裕，在国内利用外文资料、走出国门搜集外文资料进行研究的学者越来越多。季我努学社的青年学者们普遍外语能力较好，资料搜索、翻译能力在国内青年学者中堪称翘楚。重庆出版社北京华章同人文化传播有限公司一直非常重视《日本远东战争罪行丛书》，在这一课题上持续投入资金和编辑力量，的的确确且扎扎实实地为国内日本战争暴行研究外延的拓展做出了突出贡献，展现出了高度的历史使命感和社会责任感，令人称道。

在不远的将来，季我努学社将与重庆出版社密切协作，争取将丛书研究扩展到日本在亚洲太平洋战争期间犯下的主要战争暴行，如将新马华人"检证"大屠杀、马尼拉大屠杀等纳入其中；放大对于日本战争罪行研究的视角，关于日本战争罪行的审判、关于日本军国主义军队的体制等诸多与日本战争罪行研究相关的课题，也将纳入丛书。

作为季我努学社荣誉社长、丛书总顾问，我要表示一下感谢。感谢中国日本史学会荣誉会长汤重南教授、上海师范大学历史系苏智良教授等一批著名抗战史研究专家对丛书的支持。教授们为丛书撰写了精彩的序言、推荐语，并希望季我努学社与重庆出版社继续高标准、严要求地来规划、翻译、出版本丛书。我希望本丛书能够一如既往地当得起学界给予的"从全球视角揭露日本战争罪行的典范之作"这个极高的赞誉。学界对于本丛书极为关注，希望学社和重庆出版社不忘初心、牢记使命，继续做好这套已经进入中国抗战史学术界的重量级丛书。

  国内对于日本在中国之外的战争暴行的研究才刚刚起步，希望《日本远东战争罪行丛书》成为抛砖引玉之作，希望国内有更多的学者可以关注日军在东南亚国家及对西方国家战俘和平民犯下的战争暴行。

张宪文
四川师范大学日本战争罪行研究协同创新中心名誉主任
季我努学社荣誉社长
2024年5月21日

丛书总序二

全球视野下的日本远东战争罪行研究方兴未艾

《日本远东战争罪行丛书》是由季我努学社翻译、重庆出版社北京华章同人文化传播有限公司出版的"十二五""十三五"国家重点出版物规划项目。已经出版的丛书第一辑四部著作，受到学界专家们的高度肯定，被称为"典范之作"，并被中宣部、国家新闻出版署授予"一百种抗战经典读物"的荣誉。丛书第二辑三部著作，获得2019年度国家出版基金资助。我对重庆出版社的领导、编辑人员和丛书策划者季我努学社及各位译者表示衷心的感谢！

丛书第三辑的作品包括《日军的"治安战"》《士兵的战场：体验与记忆的历史化》《巢鸭囚犯：战犯们的和平运动》《恶魔医生：日军对盟军战俘的人体实验》《日军的毒气战》《铁蹄下的人间地狱：日本军事占领下的婆罗洲（1941—1945）》。丛书充分揭露了日军的惨无人道，其罪行罄竹难书，是不分种族、不分国家的普遍性犯罪。《日军的"治安战"》论述了日军为了维护占领区的"治安"，发动以敌后战场为目标的所谓"治安扫荡作战""治安肃正作战""治安强化作战"等作战，真实揭露了日军在华北战场的残暴罪恶，日军的扫荡作战造成的严重后果令人震惊，也促使人们对战争进行深刻思考。《士兵的战场：体验与记忆的历史化》则追溯了从中日战争爆发直到日本在亚洲太平洋战场上陷入绝境并最终战败这一历史过程，为读者展现了战争的残酷、生命的卑微和普通人的悲惨境遇。《巢鸭囚犯：战犯们的和平运动》首次将目光放在了巢鸭监狱中的乙丙级战犯如何认识、反思战争及战争责任上，从战俘反思的角度来揭示战争的残酷性。《恶魔医生：日军对盟军战俘的人体实验》集中记述了发生在奉天战俘营中，日本七三一部队对盟军战俘进行人体实验的战争暴行。《日军的毒气战》披露了日军在"九一八"事变中不顾国际规定开始准备毒气武器，到全面侵华毒气正式投入战场，随着战争的进行，日军毒气战逐渐升级的历史真相。《铁蹄下的人间地狱：日本军事占领下的婆罗洲（1941—1945）》详尽地再现了婆罗洲在被日军占领后，当地居民反抗日军暴行而被虐待、谋杀、斩首的历史。日军在对婆罗洲当地居民进行人身迫害的同时，还对婆罗洲当地的矿产资源进行非法开采，严重破坏了当地的地理地貌和环境。

丛书具有很高的学术意义。毋庸置疑，近二三十年来，我们对日本侵华战争中的日军罪行和中国人民抗日战争的研究，取得了丰硕成果；但是我们也要承认，对中国大陆以外地区，特别是对日军在东南亚地区的暴行和对东南亚各国及人民抗日斗争的研究却一直未受到国内学界应有的关注和重视，投入的研究力量有限，因而研究成果也极为稀少。我们以往的研究，取材主要来源于政府、军队、战役、战争等史料，材料的单一性局限了学者们关于日本在远东地区战争罪行的研究视角。本丛书则聚焦战争中不同国家、不同身份、不同遭遇的个人或者群体身上，比如劳工、战俘、"慰安妇"，甚至被奴役者的家属等，让日本远东战争罪行的全貌越来越清晰地呈现在世人面前。这表明全球视野下对日军罪行的研究方兴未艾。

丛书又具有很强烈的现实价值和社会意义。所辑录作品对日本歪曲历史、否认历史的言行进行了有力批判。日本军国主义在对外扩张中，侵略到哪里，奴役就到哪里，罪行也就延伸到哪里。日军所到之处，残忍施暴，毫无人性。然而，在日本投降七十多年后的今天，日本右翼团体非但丝毫不敬畏历史，反而处心积虑地想要篡改历史，这种掩耳盗铃的行为，是日军战争罪行的又一次重演。日军侵略战争罪行铁证如山，被侵略国家人民的悲惨遭遇历历在目，日本为何矢口否认？日本为什么不向中国人民、东方各国人民、全世界人民道歉、谢罪？主要原因在于日本国内的民族主义恶性膨胀、日本右翼化社会思潮泛滥，而根本原因则是美国在二战后对日本战争罪行和战犯进行包庇（特别是不对昭和天皇战争罪行进行追究）。

  重庆出版社和季我努学社的各位同人，为丛书的出版付出了艰辛的努力。丛书总顾问、学术委员会主任张宪文先生一直主张从全球视角研究抗战史，值得充分肯定！张先生对丛书的后续翻译、出版方向作了前瞻性的擘画：关于日本在亚洲太平洋地区的主要战争暴行，如新马华人"检证"大屠杀、马尼拉大屠杀；关于对日本战争罪行的审判；关于日本军国主义军队的体制研究；等等。我们始终清醒地认识到，我们的抗日战争史研究任重道远，尚待学界不懈努力。我们殷切地期望更多的学界同人关注日军在亚洲太平洋地区，特别是东南亚地区的战争罪行研究，并不断涌现出优秀的研究成果。

汤重南

中国社会科学院世界历史研究所研究员

中国日本史学会荣誉会长

2019年2月4日

中文版序言

揆诸中日之间的历史问题，无论是靖国神社问题、日本历史教科书问题、"慰安妇"问题，抑或是二战劳工赔偿问题，均与近代日本对中国发动的侵略战争有关。两国之间的历史问题纷争，很大程度源于彼此对那场战争的认知不同，而这种不同的认知，相当大的一部分来自于不同的"战争记忆"。

日本著名历史学家成田龙一将战争样态的系谱分为以下几个时期：战争被作为"情况"而被叙述的时期（1931—1945年）、作为"体验"而被叙述的时期（1945—1965年）、作为"证言"战争而被叙述的时期（1965—1990年）、作为"记忆"而被叙述的时期（1990年以后）。

从1945年日本战败投降迄今已近80年，无论是中国还是日本，经历过那场战争的人已基本凋零殆尽，这就意味着拥有"战争记忆"的那一代人，现在已经成为压倒性少数，作为"情况"而被叙述的战争几乎不再被提起；作为"体验"而被叙述的战争话题也逐渐沉寂；战争"证言"者正逐渐逝去；而战争作为"记忆"，不仅在中国大陆学界成为了一个不可忽视的研究对象，而且如下所述在中国大陆的民间可谓方兴未艾。

"战争记忆"最为重要的是传承问题。笔者认为，在"战争记忆"传承过程中，有一个问题不应忽视，那就是社会对"战争记忆"内容的理解。关于战后日本人的历史观，李若愚"认为大致可以分成三类：第一类是日本左翼对侵略的反省立场；第二类则是试图通过掩耳盗铃以湮没历史真相的右翼史观；第三类，或许也是持有人最多的一类，便是日本社会大部分老百姓的立场。他们对那段战争历史有着强烈的疏离感、陌生感"。

对于以上第二类的右翼分子，其之所以对那场战争抱持右翼史观，其原因不外乎狭隘的民族主义思想使然，抑或"战争记忆"在转化为"历史"过程中的失真。对于前者，学界的批判性研究已是充栋盈车，不再赘述，在此主要谈谈后者。

本书认为，"战争记忆"在被传承的过程中，各种相位的"记忆"也经历了重构、选择，最终形成了"历史"。"战争记忆"的传承，与一般的"记忆"的传承相同，大致可分为私人传承与公共传承。私人传承是个人或家族间传承的微观行为；而公共传承，是以教科书记述为代表的宏观行为。通过个人或家族传承而来的具有私人性的"记忆"，通常包含许多个别且具体的、特殊事例，而后在其所在地区或社会集体中被汇集，成为同代人的共同体验，这表现为"集体记忆"。这种"记忆"可以说是战争年代体验者私人"记忆"群的最大公约数。以"集体记忆"为基础，建构、叙述而成的产物（教科书等），在学校等社会上传承，便形成记忆的公共传承。从个人记忆的"记忆"传承，到公共传承，然后发展成"历史"的传承。也可以将其设想为以下流程：①私人传承→②集体记忆→③公共传承→④"历史"化。

一些学者对李若愚所言的第二类人展开批判，让人误解为中日之间的各类历史问题主要来自于对"战争记忆"内容的理解不同，但其实第二类人在日本社会所占比重并不大，并不足以影响中日关系，而真正形成影响的主要是第三类，即社会整体对"战争记忆"的重视程度。

具言之，当前中日两国对"战争记忆"的重视程度完全不同。中国每年都会举办九一八事变、七七事变、西安事变、南京大屠杀，以及抗战胜利等纪念活动，有时国家领导人亲自出席并发表讲话；初高中的历史课程以及大学的《近代史纲要》等课程一定会讲授相关内容。与此同时民间的"战争记忆"被激活，典型的例子就是无处不在的"抗日影视剧"。

与之相对，如上所述日本社会对"战争记录"表现出"疏离感、陌生感"。即便有学者指出战后日本的战争记忆具有选择性，即有选择性的记忆战争"受害者"身份，遗忘"加害者"身份，但其在社会中的关注度远不能望中国社会之项背。两国社会整体对那段"战争记忆"重视程度的不均衡性，才是导致中日两国之间历史问题悬而未决的根本性原因。

本书作者山田朗不无忧虑地指出："日本社会整体的'战争记忆'正不断淡化。"而山田在另一篇论文中认为，这是因为日本社会"战争责任性的展开和历史修正主义的抬头"。从某种意义上来说，本书的诞生就是阻止这种"淡化"的趋势，也就是遏制日本社会历史修正主义的抬头，用作者自己的话来说就是"重构和历史化需要传承的'记忆'"。

为了撰写此书，作者一共查找了851部战争体验者的回忆录（单行本），以及逾1100份口述史料，显示了其宽广的视野、扎实的研究功底和实证性偏好。正如山田自己所言，本书是以战争体验者自身记述的"体验""证言"，以及体验者在翻阅公刊战史或对其进行批判性探讨后形成的，以"记忆"为素材，对理应得到传承的"记忆"群进行重构，对以太平洋战争为中心的战争进行历史叙述。因此，我们在阅读本书的时候，有时会有碎片化之感。

本书的另一大特色就是提及了未能留下有关战争的"体验""证言""记忆"的战死者："无法诉说的战死者和能进行诉说的生还者之间，差别是无限大的，但实际也只有一线之隔。因为，决定战场上的生与死，只是'运气'而已。在本书中出场的士兵，他们都是因为能够生还才留下了回忆和证言。"即便如上所述，作者找到了大量的回忆录和口述史料，但相较于战争中数百万的日军士兵，这些资料所描绘的"战争记忆"不过是一鳞片爪，我们据此来俯瞰战争的真实图景不免有群盲摸象之感，因此我们在阅读过程中要对此保持警惕。

本书略显不足之处在于所谓的"深层记忆"。作者认为"深层记忆"是私人传承容易断绝的那部分"记忆"，这里的关键词则是"隐匿"和"施暴"，其主要表现在战争暴行及违法行为的"记忆"。

本书也提到了日军使用毒气、自杀式攻击的"特攻队"，但对日军在包括中国战场在内的区域战争暴行的笔墨却不多。当然，作者也不是没有意识到这一点，这主要源于收集到的回忆录与口述资料中相关部分的占比甚少，"往往是战争亲历者有无法向家人（尤其是下一代）叙述的事情（残暴行为等），或者是迫于社会压力（包括有形或无形的）无法言明的场合"。这一点在既是受害者，又是加害者的学生兵身上体现得淋漓尽致。曹亚坤等认为："由于参与构建主体的多元立场和多元主张，在书写学生兵战争体验、纪念战死学生兵以及追究学生兵战争责任等方面出现诸多纠葛，甚至严重对立，导致学生兵战争记忆的错位与失真。"对此，有学者认为日本社会要探究和传承这种"深层记忆"，必须克服狭隘的个人立场与民族主义情绪。

笔者此次有幸负责本书的校译。因为如上所述，本书有"碎片化"之感，加之需要对二战期间日军几乎所有的大型军事行动进行较为完整的把握，因此在译者焚膏继晷完成的译稿的基础上，颇花费了一些心血来进行校译。"翻译是最好的精读"，同理，校译也是最好的精读。能在该书尚未付梓之前先睹为快，不亦快哉！

最后，希望中日两国在"战争记忆"的重视程度与内容上能逐渐接近，减少包括历史问题方面的纷争。祈愿中日两国世世代代友好下去，和平永存！

彭程

广西大学外国语学院教授

2023年6月9日于南宁

日文版序言

"战争记忆"的淡化

很早之前，就有人谈到了"战争记忆"的淡化。生活在战争年代的人们的体验，有时意识到传承对象的存在，或由传承者引出，使之成为"证言"，再经过体验者的下一代、再下一代的传承以及重构，从而形成"记忆"。然而，随着时间的推移，不仅是记忆的传承，忘却与消逝也必然会发生。

成田龙一将战争样态的系谱分为以下几个时期，并巧妙地分析了各时期的特征：战争被作为"情况"而被叙述的时期（1931年前后—1945年）、作为"体验"而被叙述的时期（1945年—1965年前后）、作为"证言"战争而被叙述的时期（1965年—1990年前后）、作为"记忆"而被叙述的时期（1990年以后）。成田龙一认为："这种变化的前提是战争亲历者的经验共享，所以也呈现了战争亲历者逐渐变为少数派的推移情况。"[1]

"战争记忆"在被传承的过程中，各种相位的"记忆"也经历了重构、选择，最终形成了"历史"。然而，现今最为重要且严峻的问题是，虽然部分"经验""证言"被作为"记忆"在一定的问题意识下得到整理并被传承，但日本社会整体的"战争记忆"正不断淡化。这种淡化的背后，是"战争记忆"的被传承方与"记忆"的私人传承之间存在断绝这一问题。

"战争记忆"的传承，与一般的"记忆"的传承相同，大致可分为私人传承与公共传承。私人传承是个人或家族间传承的微观行为；而公共传承，是以教科书记述为代表的宏观行为。通过个人或家族传承而来的具有私人性的"记忆"，通常包含许多个别且具体的特殊事例，而后在其所在地区或社会集体中被汇集，成为同代人的共同体验，这表现为"集体记忆"。这种"记忆"可以说是战争年代体验者私人"记忆"群的最大公约数。以"集体记忆"为基础，建构、叙述而成的产物（教科书等），在学校等社会上传承，便形成记忆的公共传承。从个人记忆的"记忆"传承，到公共传承，然后发展成"历史"的传承。也可以将其设想为以下流程：①私人传承→②集体记忆→③公共传承→④"历史"化。

其中重要的一点是，"记忆"的私人传承若发生断绝（特定事件在个人或家族中不被传承），那就无法形成"集体记忆"，或只能形成极其淡化的"集体记忆"，公共传承就难以实现，社会整体的"记忆"淡化将越发严重。

接下来，我们不妨试着把"记忆"传承的问题，带入"战争的记忆"中去思考。

战争的"表层记忆"与"深层记忆"

毋庸置疑，"战争记忆"存在着"表层记忆"和"深层记忆"。

所谓"表层记忆"，是较容易形成①→②→③的"记忆"，具体可以用"荣光"与"受害"两个关键词来概括。战争期间"荣光"的部分，如战胜和凯旋的"记忆"；战争中"受害"的部分，如空袭体验与疏散的"记忆"，这些记忆都是在家族中较容易传承给子孙的记忆。

而所谓"深层记忆"，是私人传承容易断绝的那部分"记忆"，这里的关键词则是"隐匿"和"施暴"。战争中被"隐匿"部分，如对间谍行为的"记忆"；战争中的"施暴"部分，比如对在战场或占领区的残暴行为及违法行为的"记忆"。这些在家族中往往都是难以相传之事。换言之，"战争记忆"的私人传承存在断绝的重要原因，往往是战争亲历者有无法向家人（尤其是下一代）叙述的事情（残暴行为等），或者是迫于社会压力（包括有形或无形的）无法言明的场合（涉及天皇或是地下战斗等）居多。这些与"隐匿""施暴"相关的问题（集体残暴行为、性暴力、谋略等）不仅仅是在私人传承方面难以行进，甚至屡屡有欲抹杀相关"记忆"的力量（对发言者施加暴力或压力）存在。

"记忆"在个人方面无法得到有效传承的战争"深层记忆"部分，自然难以形成"集体记忆"，那么以"集体记忆"为基础的公共传承也消失殆尽。因此，关于战争"深层记忆"的部分，就需要研究者、教育者挖掘史实，有意识地寻求"记忆"传承的途径。若不然，"记忆"将逐渐消逝在历史的黑洞中。我们若是想从过去的历史中得到充分的知识和教训，那就不能仅仅关注战争的"表层记忆"，也必须去传承和探索那些难以传承，抑或是已经在逐渐消逝的"深层记忆"。

本书目的——"战争记忆"的重构与历史叙述化

那么，既然认识到"战争记忆"的社会淡化在逐渐加剧这一事实，我们要采取怎样的措施呢？第一，重新探讨"记忆"的传承方法；第二，将应该被传承的"记忆"进行重构与历史化。

第一点，重新探讨"记忆"的传承方法。"战争记忆"从人（战争体验者）到人（非战争体验者）传承的时代即将结束，重新探讨势在必行。随着时光流逝，"战争记忆"的传承需要从人（非战争体验者）到人（非战争体验者），或从物（书籍、影像、遗迹或博物馆等）到人（非战争体验者）的传承。这两种传承实际上并非截然分离，以物为媒介，从人到人的传承方式也同样存在。具言之，书籍、影像直接推动人们（非战争体验者）的记忆传承，也可以说它们是以"自我完结式"的形态促成记忆传承的媒体。而同样属于"物"的范畴的遗迹、博物馆等，那些对遗物或展示进行解说的人（向导或解说员等）对"记忆"的传承起到至关重要的作用。如今这些解说员也几乎是非战争亲历者。无论如何，为了传承"战争记忆"，那些承载着"记忆"的战争遗迹，以及基于一定理念去整理、传达这些"记忆"的博物馆、资料馆的存在，就显得愈加重要。

第二点，需要传承的"记忆"的重构和历史化，这也正是本书的写作目的。本书是以战争体验者自身记述的"体验""证言",以及体验者在翻阅公刊战史或对其进行批判性探讨后形成的,以"记忆"为素材,对理应得到传承的"记忆"群进行重构,对以太平洋战争为中心的战争进行历史叙述。本书的基础,是战争体验者个人的回忆(体验、证言、记忆),因此本书并非综合性论述,而是通过"点描式的历史叙述",将个人碎片化的"记忆"置于时间与空间的同一平面上进行重构。比如,士兵在1941年12月8日,于何处经历了怎样的"体验"?士兵又是将什么样的境遇作为"证言"而留下,构成"记忆"?本书正是以此为素材,尝试追溯并勾勒当时、当地"士兵的战场"。

本书的研究方法与注意事项

笔者查找了851部战争亲历者的回忆录(单行本),本书中仅对其中不足100名士兵(包括从军记者两名、从军护士一名)个人的"经历""证言""记忆"进行了重构(点描式的历史叙述)。或许未能描绘出战争或战场的整体面相,但在一定程度上提供了日军士兵所经历的、在记忆中残存的战场实态,并介绍其历史特征。

首先要对本书的研究方法和注意事项进行说明。在素材方面,以选取战争体验者本人的经历以及直接的见闻为原则。在实际的回忆录中,往往存在到底是亲身经历,还是传闻逸事,或是后世调查所得等各种体裁混杂的情况。正如成田龙一指出的那样,战后根据时代的情况和社会的要求,回忆、手记等时常被重新编辑。[2]一般来说,这种编辑,伴随着自知读者为非战争体验者的意识,为了能将个人的战场体验置于战争宏大叙事之中,他们会利用公刊战史等,或对其进行批判,将日期、地点、组织以及作战构想等趋于精致化。

此外,本书在尊重并灵活运用著者如上工作成果的同时,原则上只选取最直接的体验部分(某个时间看到什么,怎么想的,又是怎么做的)。不过,在叙述的这些素材中,也有一些例外,原亲历者在战后初期离世,编纂者对其留下的笔记进行重新编写,如岩本彻三的《零战击落敌机之王——空战八年的记录》（光人社 NF 文库，1994 年，1972年初版）；作为听写记录而辑录的土屋芳雄回忆录——由《朝日新闻》山形支局编撰的《听写 某宪兵的记录》（朝日文库，1991 年，1985 年初版）；森本贤吉的《宪兵物语——一名宪兵所见的昭和战争》（光人社 NF 文库，2003 年，1997 年初版），以及以小说形式呈现的石长真华《菲律宾败走记——一名士兵所见的吕宋岛战役的真实情况》等（小说形式的回忆不符合本书原则，选取石长回忆的理由在文中注释中有所说明）。

士兵（代表）简介

在本书中出场的官兵之中，最年长的是高桥雄次（1896 年生，海兵 4 期，战败时任海军少将，51 岁），最年少的是塚田义明（1927 年生，海军特别年少兵 1 期，18 岁），其中出生于 1920 年前后者占多数。在此列举一些代表性人物在军队组织中的职责与简介，交代一下时代背景。

①佐佐木春隆（现役将军，1920 年出生于熊本县）

1940 年，陆军士官学校第 54 期毕业（步兵）。1940 年起从属于第四十师团，转战于华中、华南，历任步兵小队长、中队长、联队作战主任、大队长等职务，最终军衔为陆军大尉。1946 年复员。

②深泽卓男（预备军官，1916 年出生于山梨县）

原朝鲜公司职员，1937 年应征入伍，进入第一师团野炮兵第一联队。成为甲种干部候补生后，并于 1938 年从预备士官学校毕业（炮兵），其后转战于伪满、华中、缅甸等地。最终军衔为陆军大尉。1946 年复员。

③岩本彻三（从下士官到军官，1917 年出生于桦太）

1934 年，作为志愿兵加入吴海兵团。1936 年作为操纵练习生第 34 期生，加入霞浦海军航空队。1938 年以后，作为战斗机飞行员前往中国大陆，1941 年搭乘"瑞鹤"号航母，先后参加了偷袭珍珠港、印度洋战役、珊瑚海战役。又搭乘"龙骧"号参加阿留申群岛战役，1943 年以后,作为航空兵转战于拉包尔、特鲁克、木更津、岩国、国分等基地。最终军衔为海军特务中尉。

④小平喜一(从士兵到下士官,1919年生,原籍不详)

1939年应征(征兵检查合格后,直接作为现役兵入伍),加入华北的现地部队(步兵)。3年7个月的战地任职后,复员回国。1944年应征成为第一野战补充队队员,驻华中地区的湖南省。最终军衔为陆军伍长。1946年复员。

⑤黑岩正幸(士兵,1921年出生于高知县)

1942年应征后,加入位于湖北省的独立辎重兵第二联队(辎重兵)。后辗转于新不列颠岛、缅甸,参加英帕尔战役。最终军衔为陆军兵长。1946年复员。

这些出生于1916年到1921年的人员,到1945年8月时大概是24岁至29岁,军衔分别是军官、下士官、士兵等。他们在军中的等级不同,在军中的体验也有很大的差异。

本书将通过这些战争年代的年轻人在战场中的"体验""证言""记忆",重构"士兵的战场"记忆。

本书中使用的回忆录,在人物初次出现时会在人名后标明生年与学历(军校的期别等),军衔会按照出场的时间点注明。另外,日期及时刻原则上按照日本时间(24小时制)来标注。因为不是当地时间,因此会出现标注的时间是半夜,而实际是发生在白天的情况。

注:
(1)成田龍一「戦争像の系譜——状況·体験·証言·記憶」『岩波講座アジア·太平洋戦争1』,岩波書店2005年版,第5—6页。
(2)同上书,第26—27页。

目录

丛书总序一　再塑从全球视野揭露日本罪行的"典范之作"　1
丛书总序二　全球视野下的日本远东战争罪行研究方兴未艾　4
中文版序言　7
日文版序言　11

第一章　侵略与杀戮：处于胶着状态的中日战争
　　　　（1939年—1941年12月）　1
第二章　胜利与代价：进入世界战争
　　　　（1941年12月—1942年3月）　25
第三章　挫折与消耗：战局的转换
　　　　（1942年4月—1943年10月）　49
第四章　退却与饥饿：防卫线的崩溃
　　　　（1943年11月—1944年9月）　79
第五章　崩溃与自灭：无法完结的战争
　　　　（1944年10月—12月）　103
第六章　"玉碎"与生还：从战败到复员
　　　　（1945年1月—9月）　129
结语　战场体验的"记忆"与"历史"化　169

相关年表	177
后记	187
译者后记	191
译者介绍	195
出版说明	196

第一章

侵略与杀戮：
处于胶着状态的中日战争
（1939年—1941年12月）

侵略内陆与切断援蒋通道——西进与南进[1]

侵略内陆与空战

以1937年7月的卢沟桥事变为肇端，中日战争[2]全面爆发。与日方最初的设想不同，战争在进入1938年以后依然不见结束的征兆。直到国共合作开始，日本政府以及军部中央才意识到自己低估了中国军民高昂的抗日意志。另外，中国大陆战线的扩大让英、美、法等国家的权益遭受了损失，加快了东亚秩序的变更，于是包括苏联在内的欧美诸国开始对蒋介石政府进行物资上的援助，这是日本的第二个失算。双重的误算导致日军一方面要为击败中国军队主力，向华北、华中的内陆地区持续西进；一方面要为切断援蒋通道不断南进，侵入华南沿岸地区，结果使战线扩大到中国全境。而为日军此番侵略内陆与南进提供支持的，是其具有优势的空战力量。

1938年2月25日，海军第13航空队的一等航空兵岩本彻三（1917年生，操纵练习生34期）为了空袭南昌机场，从南京城外的大校场机场起飞。1934年，17岁的岩本作为志愿兵加入海军。从1936年起，作为操纵练习生（"操练"）的岩本，开始在霞浦海军航空队驾驶飞机，这次飞行可以说是他的"首战"。九六式陆上攻击机（通称"中攻"）48架，以及岩本一行的九六式舰载战斗机14架的编队，从上海基地起飞，在南京上空汇合，进击南昌。中攻开始轰炸后，云层中十五六架中国军队I-15战斗机（苏制双翼、固定起落架）开始袭击岩本的编队。这种苏制战斗机是欧美各国对蒋介石政府的具体援助之一。岩本升高进入云层片刻，又从云中冲出，逼近正要下降的I-15，在近50米处扣下了扳机。[(1)]

---

1 南进是日本帝国主义的一种侵略政策，用于第二次世界大战前和大战期间。——编者注
2 日方称呼，即日本侵华战争。本书中为尊重原文记述，采取日方称呼。——译者注

低翼单叶、全金属材质的"九六战"（三菱重工，主任设计师堀越二郎）是日本海军的新锐战机，有固定起落架，在世界上虽然称不上是新锐之最，但速度与性能完全凌驾于旧式的 I-15 之上。岩本在首次空战中一举击落了 3 架 I-15、1 架 I-16（苏制低翼单叶、可收放起落架的最新型战斗机），合计 4 架。这是当天出动的战斗机部队中单架飞机获得的最佳成绩。之后岩本被冠上了"拉包尔击落王"的绰号，成为海军屈指可数的战斗机飞行员。在对英美的大小战役中，正是如岩本这样的航空兵中坚力量，成为在中日战争时期积累了丰富实战经验的较少数"名人"。当然，像岩本这样在首战中就超水平发挥的飞行员毕竟是少数。事实上，在出战的 14 架战斗机中，岩本的指挥官（大尉）的座机与岩本的同期（一空兵）的座机被击落。[2] 回到南京基地的岩本受到司令的嘉奖后春风得意，尽管如此，作为飞行员中最高等级的一等航空兵，还是马上被安排了去打扫宿舍，准备伙食。

基本掌握了制空权的日军，在这一年连续发动了徐州会战、武汉会战，并向中国腹地进攻，但并未给中国军队主力带来致命性的打击。武汉会战之后，日军开始以汉口为策源地（为作战储备兵力与物资的据点），在中国全境实施大大小小的作战。为打击中国军队的主力，日军从 1939 年 4 月到 5 月[1] 实施了南昌会战。为施压于重庆，从 1940 年 5 月到 7 月实施了宜昌会战，不断发起侵略中国腹地的大规模作战。

为切断援蒋通道而实施的海上封锁

日本认为，以重庆为据点的蒋政权在面对日军的腹地攻势时，之所以会不屈服，是因为英美诸国的援助。于是，日军于 1938 年下半年，开始为切断援蒋通道而集中军事力量，占领了海南岛、南宁、汕头等地，加强了海上封锁。此后又在 1940 年 9 月进驻法印（法属印度）的北部。随着日本进一步侵入中国腹地，其与中国、欧美各国之间的对立也随之加深，各国也不断增大对中国的援助，致使战争陷入胶着状态，

1　南昌会战时间为 1939 年 3 月至 5 月。——编者注

形成恶性循环。

虽说要切断援蒋通道，但在日军进驻法印北部之前，援蒋物资已从越南的海防港卸货，用车从谅山运往南宁方向；或从海防港再次走水路，送往未被日本占领的中国港湾。因此日军虽占领了法印国境附近的输送点，截断道路，但还是不能完全阻断陆地运输，阻断海上输送更是难上加难。因为援蒋物资是由中国以外的外国商船运送，在上海外国租界（英、法、美、意）卸货上岸；或在海上转运到小型船只，运入未被日军占领的港口。日军不可能完全占领中国长长的海岸线，也不可能搜索沿岸地区的无数小岛，且虽是中日战争时期，日军也不能无视列国权益，踏入上海的公共租界。因此，日方只得由海军舰艇实施海上封锁。海上封锁主要使用驱逐舰等小型舰艇，若在海上发现疑似物资运输船，便实施威慑射击，命令停船并进行临检。若发现可疑人物，便连船一同扣留到日军基地进行调查。若发现装载物资，就让乘务员换乘到划艇上，予以没收货物、连船烧毁或沉入大海等处理。

岩本彻三在首战中取得战果之时，第六驱逐舰队司令部通讯员、海军一等兵曹大高勇治（1909年生，海军通信学校高等科毕业）正搭乘"雷"号驱逐舰，每天在华南汕头港50海里[1]处的南海无聊地执行巡逻任务（海上封锁作战）。1938年3月的一天，"雷"号驱逐舰发现一只100吨左右的大型平底帆船，旋即发出国际信号"即刻停船，否则实行炮击"，以此要求对方停船，并用20毫米机关枪朝着该船船头前100米处进行威慑射击。该舰舰长派出武装临检队8人，没收了所有货物，并将货物转运至"雷"号驱逐舰。帆船上的6名工作人员被转至帆船附属的小船上，随波漂流（小船距离海滨远达100千米，在没有粮食没有饮用水，也没有动力的小船上漂流，任由小船随波逐流等同于将他们处决），帆船被泼上石油，予以焚毁。这是海军处理帆船的惯用方法。[3]结果没收来的货物只是数十袋黑砂糖，大概也不是所谓的"援蒋物资"。第二天早晨，偷吃了黑砂糖的多名水兵出现了腹泻的症状，

1　1海里=1.852千米。——编者注

在诊疗所前排起了长队。因为在此之前驱逐舰司令、海军中佐伏见宫博义王乘坐的军舰上曾传染病流行，舰长和军医便也将其当成一件大事，惊慌失措，结果发现只是单纯的食物中毒。在此之后，大高乘坐的"雷"号驱逐舰还在温州港口之外，击毙了6名反抗临检队员的帆船海员，并投尸海中。（4）

分散在大陆的日军

日军为击溃蒋军主力，不断向中国西部进攻，同时又为阻断援蒋通道而向南扩大战线。为集中兵力到最前线，日军不得不减少占领区的警备兵力。

1938年8月17日，日军在陆军投入30万大军准备实施武汉会战。第十五师团（祭兵团）野炮兵第二十一联队第一中队的陆军中尉深泽卓男（1916年生，1938年预备士官学校毕业）到达了南京东北仅100千米的江苏扬州。扬州地区在此之前大概投入了一个师团（约25000人）的警备力量，但师团因武汉会战被抽出，扬州只剩一个步兵大队和深泽所在部队的一个中队炮兵，以及由若干工兵队组成的部队（以步兵大队长为指挥官，约有1000人）来维持"治安"。深泽等人判断，若用寻常方法将无法完成该地区的警备任务，于是在扬州地区的各要津均配备了一个分队（数人至十人），以军官或下士官为首。这个分队在此修筑能够承受数日敌袭的小据点和阵地，并建立联络网，用无线电台或有线电话与扬州部队本部保持联络。（5）而由本部直辖的数个机动部队，则被安排在本部以及离本部较远的重要据点。当小据点或阵地遭到攻击时，机动部队可以赶去救援，进行反击。机动部队必须配备火炮（深泽所在炮兵中队的装备为100毫米榴弹炮四门），通过机动地运用火炮，好让中国军队误以为是日军大部队。深泽等人开始负责警备之时，扬州地区的"治安"尚未确立[1]，经常遭到进攻，不光有中国的游击队，还

---

[1] 侵华日军将中国战区划分为"治安区""准治安区"和"未治安区"，"治安区"即沦陷区。"治安"尚未确立，意味着"治安区"尚未建立。——译者注

屡有多达数千人的大部队。但小据点·机动部队作战方式[1]的确立，以及火炮的机动运用，使"治安"逐渐稳定。用少数兵力维持"治安"，如若没有宣抚背景下普通民众提供情报，也是无法进行的。因此，不光是要拉拢地方上有势力的中国人，还有必要尽量让日军士兵守在据点与阵地之内，不让他们随便去普通村落进行征发。深泽的部队还在1938年12月攻陷了尚未被日本控制的扬州西北80千米处的天长县，以防止扬州地区的"治安"恶化。[6]此次，日军也是用100毫米榴弹炮先发制人，压制了中国军队的山炮和迫击炮。善于运用炮兵的日军指挥官受到士兵们的信赖，也让中国军队有所忌惮。深泽等人通过小据点·机动部队，机动运用火炮的少数人警备做法，受到联队、师团以及第十一军高官的关注，一众军官还视察了"扬州模范地区"。[7]

但"扬州模范地区"的做法并非一帆风顺。某日，深泽炮兵中队所在的扬州最北端的小据点阵地突然通讯中断，机动部队紧急奔赴时，守备该阵地的伍长等7名士兵已被全歼。[8]这是少数日本兵在脱离阵地，试图追击中国军队时发生的。此次事件后，1939年9月至11月，联队增援了扬州地区，为挖掉扬州"治安"恶化的根源，还占领了扬州东北一百多千米处的高邮、宝应两座县城。虽占领了两地，但随着占领区的扩大，日军陷入了战斗力分散的恶性循环。

重庆大轰炸以及零战

进一步深入腹地——宜昌的占领、放弃、再占领

中国战场方面，随着战线的扩大，从1939年10月1日起，指挥所

---

1 小据点·机动部队作战方式，文中有具体阐述："修筑能够承受数日敌袭的小据点和阵地，并建立联络网，用无线电台或有线电话与扬州部队本部保持联络。而由本部直辖的数个机动部队，则被安排在本部以及离本部较远的重要据点。当小据点或阵地遭到攻击时，机动部队可以赶去救援，进行反击。"原文中将其概括为"小据点·机动部队作战方式"。——译者注

有在华部队的中国派遣军总司令部得以组建。当时（1939年底）的中国战场，华北由华北方面军[1]（有11个师团、1个独立混成旅团）负责；华中、汉口地区由第十一军（有9个师团、1个独立混成旅团）负责；上海地区由第十三军（有4个师团、3个独立混成师团）负责；华南由第二十一军（有4个师团、1个混成旅团、1个独立步兵队）负责；等等。总计28个师团、15个独立混成旅团，总兵力达到70万。[9]但日军各支部队配置分散，为维持广阔的占领区已是倾尽全力。针对日军这一窘境，中国军队从1939年11月左右开始在整个战线发起了冬季攻势。此次攻势的目标在于夺回汉口。到1940年1月下旬为止，第十一军遭到占据优势的中国军队的进攻，分散到各地的小部队持续苦战。[10]驻留在第十一军后方地区——扬州的深泽卓男得知，一周前刚占领的宝应已被中国军大部队包围，深泽对此非常震惊。[11]

第十一军对中国军队的冬季攻势束手无策，于是开始实施新一轮的作战，目的是打击蒋介石军队主力，以及阻挠运往重庆的物资补给。第十一军司令部为达成这一目的，计划攻占湖南宜昌[2]，宜昌位于日军占领区最前端（岳州）沿长江逆流而上200千米处。但大本营并不同意扩大战线，最终宜昌作战以歼灭中国军队主力为目的而展开，第十一军一度占领宜昌后又弃城，部队重新撤回到原有位置。[12]

第十一军从1940年5月1日开始进行宜昌会战，共投入了4个师团。作战期间，第三师团被中国军队包围，第三十九师团一名联队长阵亡，接连苦战让第十一军一度要宣告作战失败，但最终于6月11日占领宜昌。第十一军命令部队占领宜昌后，在一周内破坏城区后立即撤退。最初攻入宜昌的第十三师团为迅速撤退，将市内建筑物烧毁。宜昌周边的农村在这次战役中也化为一片焦土。[13]

然而，大本营在批准实施宜昌作战之前，曾提出意见，认为不应在占领宜昌后将其放弃，要将其作为轰炸重庆的中转基地。[14]5月18

---

1 前身为中国驻屯军，于1937年8月31日组建。——译者注
2 此处原文有误，应为"湖北宜昌"。——译者注

日后，陆海军的航空兵开始了重庆轰炸，由于是远距离攻击，战斗机无法护航（陆军的九七式战斗机及海军的九六式舰载战斗机无法完成从汉口到重庆的往返飞行），在中国军队战斗机的反击下，轰炸机接连遭到重创，日军空袭失败。[15] 6月15日，参谋总长与军令部代总长上奏昭和天皇，天皇在会上听了海军方面的陈述，说宜昌作为重庆轰炸的中转基地，价值很大。于是昭和天皇问参谋总长："陆军对宜昌没什么办法吗？"[16] 天皇的一句话，促使大本营一致通过了拿下宜昌的方针，并于次日命令中国派遣军再次占领宜昌。此时日军部队已放弃了宜昌，在转移的途中接到再度占领的命令，旋即返回，欲再一次占领宜昌，但中国军队此时已经入城，于是双方又进行了交战。[17] 日军又一次占领了宜昌，但废墟中的宜昌已经没有日军部队可以宿营的房屋，化为一片焦土的周边农村也没有粮食，可供军队驻扎的一切均已化为灰烬。此前在国内报道了宜昌会战的记者，也随着陆军部队的返回而退回到后方，没有做再次占领宜昌的任何报道。[18]

战略轰炸重庆的苦战

武汉会战后，大本营对从陆地进攻重庆的作战方案进行了探讨。探讨的结果是从汉口到重庆的直线距离约为400千米，天险众多，地面部队的进攻实为困难。因此1938年12月，大本营命令华中派遣军司令官协助海军，实施对重庆的战略轰炸。但空袭重庆并不像大本营考虑的那么简单。当时陆军的远距离轰炸机伊式100型（意大利菲亚特制BR-20）、九三式重型轰炸机都无法对抗中国的战斗机（苏制I-15、I-16）以及高射炮。虽然在1939年配备了九七式重型轰炸机（续航距离2400千米），但陆军的九七式战斗机（续航距离600千米）无法提供远程护航。由于飞机性能上的制约，只能以续航能力比陆军飞机要优秀的海军飞机作为主要力量，对重庆等内陆地区进行轰炸。于是日本海军将航空部队的主力，配属给由中国方面舰队指挥的第一、第二联合航空队（司令部在汉口）。1939年5月至10月、1940年5月至10月、

1941年5月至8月期间，对重庆及成都等中国内陆主要城市实施了战略轰炸。尤其是1940年5月18日发布的"101号作战"，动员了陆上攻击机，是中日战争时期最大规模的一次空战。直至9月6日，在为期4个月的作战期间，海军陆战队对以重庆为中心的内陆城市进行的攻击次数为白天168次，夜间14次，使用炸弹量达4333吨。[19]

然而，即使海军拥有空战力量，轰炸重庆也非易事。被称为"中攻"的九六式陆上攻击机（续航距离4600千米）在性能上没有问题，九六式舰载战斗机（续航距离1200千米）从性能来说提供护航也可行，但要始终紧跟轰炸机则十分困难，所以轰炸机不断受损。

1940年5月10日，海军第十三航空队的海军二等航空兵曹东秋夫（1920年生，预科练甲种1期），作为九六式陆上攻击机的副驾驶员，首次参加了从汉口基地前往重庆的轰炸。这一天，日本海军出动了27架中攻和无护航的战斗机。东秋夫的小队（3架）在重庆上空迎击I-16战斗机，其中有2架坠毁。他们清楚地看到僚机在火焰中坠毁时，驾驶员打开窗户挥着手，在热浪中痛苦的表情。[20]东秋夫在首战的这一天安然返回基地，但僚机坠落时的情景无数次出现在他的梦里。5月20日，东秋夫驾驶由27架飞机组成编队的其中一架飞机，出击重庆北侧的梁山基地，这一天护航战斗机也没有参战。虽配备有中攻20毫米机枪1挺、7.7毫米机枪4挺，但要与战斗机抗衡，可能又要像10日的空战那样，只能"靠神佛保佑了"，东秋夫心想。[21]这次作战，右侧第三架飞机与其他小队的一架飞机被战斗机击落，但东秋夫的编队还是完成了投掷炸弹的任务。但在炸弹爆炸的瞬间，巨大的爆炸声造成机体前方及上方的挡风玻璃粉碎，主驾驶员身受重伤，生命垂危，两名侦察员与一名整备员当场死亡，座舱内鲜血淋漓。I-16战斗机从上方进行了猛烈扫射，东秋夫的手脚受了重伤，在因失血而导致意识朦胧的情况下飞行了三个小时，到达宜昌基地迫降时，因机体破损严重，操纵困难，燃料也完全耗尽，于是冲进了机场前的水田。[22]结果，8名乘员中战死3名，重伤3名。因中弹及迫降而身受重伤的东秋夫，从

1940年5月一直疗养到1941年2月。[23]

零战的出场及所谓"传说"的诞生

航空部队的苦战得到缓解，是在日本海军零式舰载战斗机（零战）出场之后。零战是日本于1937年开始实验，作为"十二试舰战"而被开发，1940年作为制式机而被采用的新锐战斗机。与当时各国主力战斗机的性能相比，拥有续航能力强大、轻量（操纵性轻快）、重武装（在世界上首次采用20毫米机枪）等特性。尤其是带有"落下增槽"，最大续航距离达3500千米（无增槽能续航2000千米），作为单座单发机，其性能十分惊人。拥有强大续航力的零战，基本保证了海军九六式陆上攻击机的作战行动。零战机身为轻型结构（此种结构使战斗机拥有良好的操纵性能），且续航力与攻击力强大，但看似完美的战斗机机型，实质上是牺牲了其防御能力，省去了飞行员所需的防弹钢板以及燃料罐的防弹装置。但对于东秋夫这样在轰炸重庆部队时从死亡中逃离出来的人来说，可谓是救世主般的存在。

1940年7月，横须贺海军航空队仍然在对"十二试舰战"进行反复试验，中国前线要求选拔熟练的驾驶员组成第十二航空队，进攻汉口。7月内派出6架，8月后派出6架，8月15日由54架中攻与12架零战实施了首次空袭重庆（8月，"十二试舰战"被正式命名为零式舰载战斗机11型），中方的迎击战斗机并未出现。因日方护航战斗机的出场，中方没有铤而走险，仅在轰炸机来袭时采取了反击。因此，日方空袭部队临近重庆时，中方在确认轰炸机伴随着战斗机后，重庆周边的中国战斗机便予以退避，在日本护航战斗机退去后再飞回重庆上空，此时日本轰炸机也已返回，所以暂时未发生空战。

9月13中日攻实施轰炸后，日方利用零战强大的续航力，采取由零战独自回到重庆上空的战术，捕捉到退避之后又返回的中国战斗机，13架零战将返回的中国的27架I-16战斗机全部击落。当时的第十二航空队队员、海军一等航空兵曹羽切松雄（1913年生，操纵练习生28期）

于10月14日，从汉口出击，空袭了中国成都的机场。此次袭击由7架战斗机单独实施空袭，目的是从空中或地面毁坏中国的军机。此次空袭中，羽切等四人不仅进行了空战和扫射地面，还在中国军队机场降落，放火焚毁了隐藏在掩蔽壕中的飞机，之后再次起飞，返回了基地。[24]战斗机飞行员降落到地面，离开飞机进行战斗一事，虽说是他们商定后的做法，但也可以说是极为大胆的鲁莽行为。

无论是在重庆上空击落27架战斗机，还是成都飞行员的"地面战斗"，都构成了之后"无敌零战"这一传说诞生的原型，这不光是因为零战的优秀性能，还来源于当时海军航空队精英部队的高涨士气。零战的优势实际还需依靠熟练驾驶员的精湛技术方能得到发挥，当时海军的作战计划制定者并未理解这一点。在这之后，由于对零战的"万能性"过度自信，日方实施了一个又一个鲁莽的航空作战，迫使技术尚未熟练的飞行员投身于残酷的战斗之中。

应对游击战与地下战斗

大兵力的驻扎与"高度分散配置"

1938年到1943年除了"满洲国"的驻兵外，日本陆军在中国大陆驻扎的兵力维持在70万人左右。此后，中国大陆的日军也并未减少，1944年约80万人，战败时达到106万人。此外，1937年以后"满洲国"的日军有20万人左右，1940年约40万人，1941年8月至1943年8月约有70万大军在此驻扎。[25]

驻扎在中国大陆的日军大兵力之中，有一半与蒋介石军队有过组织性交战，剩余部队的半数均为占领区的警备兵力。不过，这些兵力驻扎于此的任务也不仅仅是警备占领区，还要通过军事行动破坏疑似有抗日力量的村庄，分离抗日势力与一般民众等各种工作。日军为了维持占领区的秩序，不得不在广袤的中国大陆部署庞大的兵力，因此兵力密度极小。

比如说，日军于1940年在"满洲国"以外的中国战场上派遣了27个师团、16个混成旅团，合计约68万人（日本陆军总兵力135万人中的50%），其中华北战线（华北方面军）占4成左右，有9个师团、8个混成旅团，约配备有25万人。[26]即使是配备了如此之多的兵力，警备地区方圆1千米以内的兵力密度也只有0.37人[27]，相当于1个步兵大队的兵力（800人左右）来守备方圆50千米的区域。在当时来说，正规军的战斗中一个大队能够防卫的范围为直径2千米内的地区。[28]可以看出，虽说是出于警备目的或"治安战"，但其防区也是过大的。日军称此为"高度分散配置"，事实上这与之后的太平洋战争期间，分散于太平洋孤岛上的守备队并无二致。

1939年11月，在中国军队的冬季攻势中，宝应县遭到包围，能去进行救援的仅有一个步兵小队的兵力（60人左右）。于是深泽卓男让士兵分别搭乘两艘大机动艇，自己指挥，并在最前头的船上搭载了一门100毫米的榴弹炮，在运河上航行时从船上发射榴霰弹（在空中放出数百个小钢珠的炮弹）来压制中国军队。他们用这种特殊的方法到达了宝应，仅用了一门榴霰弹，就让射程处于劣势的中国军队的山炮、迫击炮无法应对，阻碍了中国军夺回宝应县城。[29]深泽所部正是之前在华中的江苏扬州地区，通过小据点阵地、机动部队，机动运用火力的方式，在地区警备中取得佳绩的第十五师团的部队。即便如此，在靠近南京的华中中枢地区，日军也只能勉强与中国军队对峙。

华北方面，在1939年到1940年的这段时间，比起与蒋军之间的正规战，日军针对八路军的"治安战"愈加白热化。八路军选择日军警备区中防守较为薄弱的地区开展游击战，发动攻势。白天，其扮成百姓接近日军小据点阵地，冷不防地投掷几枚藏好的手榴弹[30]，有时会装成农民来到日军警备本部说："我来告知敌人（八路军）的动向"，然后突然用手枪袭击日军指挥官[31]，等等。

八路军百团大战的冲击

1940年8月20日至12月5日，八路军利用日军高度分散配置的弱点，在华北动员了105个团（联队）、40万[1]大军，分三个阶段发动了一次攻坚战与游击战结合的大规模作战，史称"百团大战"。

这一年，华北方面军第一军在华北（河北、山西）发动春季进攻作战，蒋介石政权第二战区的部队（阎锡山）从山西撤退至陕西，留在晋南地区的第一战区的部队（卫立煌）同样撤退，八路军想趁此机会进入冀晋两省。1940年7月，八路军总司令朱德提出要一扫华北的日军，副司令彭德怀下达了这一命令并实施作战准备。这应该是出于以下考虑：日军主要攻势转向宜昌方面，华北方面的日军相对薄弱。与此同时，宜昌的沦陷以及日本傀儡汪精卫政权的成立（1940年3月30日），动摇了蒋介石政权，因此政治因素主导了此次作战方针。此次八路军"一扫日军"的作战较为大胆，或许也存在冒险主义的一面。常驻华北的日军，包括华北方面军（主要为山西省内的第一军）以及驻蒙军和"满洲国军"，合计约20万人，而八路军为百团大战部署的兵力为105个团，约40万人。(32)

八路军的正面攻势在8月20日夜由山西省开始。京汉线方面，八路军以第一二九师为主力的8000人袭击日军第一一〇师团、独立混成第一旅团等。石太线方面，八路军第一二九师的6000人攻击了日军独混第四、第八、第九旅团。同蒲线方面，日军第四十一师团，独混第三、第九旅团遭袭。一直以来实行以游击战为主的袭扰战法的八路军，在百团大战期间，对日军的据点和阵地，还有铁路、煤矿等基础设施进行了进攻。此外还运用以往不曾有过的密集突击战法，孤立各处高度分散配置的日军，使其陷入苦战。因此，八路军迫击炮的集中炮击、士兵的密集突击以及精准的狙击，成为此次百团大战中最令日军官兵

---

[1] "1940年8月20日至12月5日"，《中国共产党的九十年》中的记载为"1940年8月至1941年1月"；"40万"为"20余万"。来源：中共中央党史研究室：《中国共产党的九十年》，北京：中共党史出版社、党建读物出版社，2016年，第211页。——编者注

恐惧的作战方式。

8月30日，日军重整旗鼓，开始救援被八路军孤立的据点与阵地（第一期晋中作战），八路军暂时分散和退避，但9月22日到24日八路军再次发动了攻势。八路军的第二次攻势给石太线方面的多处日军警备据点带来了毁灭性的打击（独混第四旅团9月战死162人），察哈尔方面的独混第二旅团全军覆没。之后，八路军撤退到根据地。

根据中方的记录，在百团大战共进行的1824次战斗中，日军死伤20645人，被俘281人，[1]此外，自动投诚者47人。日方记录，1940年华北方面军战死人数为5456人，负伤12386人[33]，即使这不代表百团大战中日军所有的伤亡人数，也能反映这段时期日军遭到重大损失这一事实。八路军也在这一系列战斗中伤亡37000余人（包括因日军释放毒气后的中毒人数）[34]，同样也蒙受了巨大的损失。

残暴行为的恶性循环

据日方的记录，百团大战中日军的损失为：铁路方面，桥梁遭到破坏的有73处，隧道遭到破坏的有3处，车站被烧毁的有20处，水塔被破坏的有5处，线路被破坏的有117处（公路被破坏距离达44千米以上）；在通信网方面，电话线杆被切断1333根、被毁坏1107根，电话线被切断146千米；煤矿方面，井陉新矿采掘场至少半年不能产煤。有关战争中的战果、损失报告，八路军方面公布的战果要大大超过以上数据：破坏桥梁213处，破坏铁路474千米，公路1502千米。[2]由此可以看出，八路军攻击的重点对象为基础设施。

因遭受意料之外的人员、物质上的损失，加上中国军民的紧密合

---

[1] "日军死伤20645人，被俘281人"，《中国共产党的九十年》记载为"至1940年12月初，敌后军民共作战1824次，毙伤日、伪军2.5万人，俘日军281人、伪军1.8万人"。来源：中共中央党史研究室：《中国共产党的九十年》，北京：中共党史出版社、党建读物出版社，2016年，第212页。——编者注

[2] "破坏桥梁213处，破坏铁路474千米，公路1502千米"，《辞海》中的记载为"破坏桥梁、车站、隧道260多处，破坏铁路470余千米，公路1500余千米"。——编者注

作让日军（华北方面军）十分棘手，于是日军展开了对百团大战的报复性作战，即"第一期晋中作战"（9月1日—18日）、"第二期晋中作战"（10月11日—12月3日）以及"晋察冀边区肃清作战"（10月13日—11月2日）。日军投入了第三十六、第三十七、第四十一师团，独混第四旅团等部队，对八路军根据地实施了"烬灭作战"。独混第四旅团在"第一期晋中作战"中奉命要"彻底烬灭、扫荡敌人根据地，不能让敌方有回生之机"。"烬灭目标及方法"为对"敌人，以及伪装为百姓的敌人"或者"判断为具有敌性的百姓中十五岁至六十岁男性"进行"杀戮"，对"敌性村庄"进行"烧毁破坏"。[35]日军士兵也经常回想起"活着的人要全部杀掉"（山西）[36]的命令。

中方称"烬灭作战"为"三光（烧光、杀光、抢光）政策"。另外，侵占抗日根据地的日军，不仅对当地居民进行了无差别杀戮，还对当地资源进行疯狂掠夺，恶劣的性暴力事件也层出不穷。[37]

"烬灭作战"的同时，日本还以华北为中心，制造了"无人区"，以断绝一般百姓与抗日势力的接触。强行驱离居民，制造"无住地带"，挖封锁沟（宽6米、深4米的水沟），构筑封锁线（宽1米、高约2米的石墙），形成与外部隔离的区域。在华中地区，从1941年7月开始，日军以及汪伪政权开始实施"清乡工作"。"清乡工作"是日军与汪伪军队实施的"扫荡作战"，并逐步推进修筑竹木篱笆、拉铁丝网来与外界隔离（"军事清乡"），实施百姓相互监视的制度（"政治清乡"），导入征税制度，对抗日根据地实行经济封锁（"经济清乡"），开展亲日、反共宣传（"思想清乡"）。[38]一直到1945年，"清乡工作"依旧在阶段性地实施。

另外在华北地区，八路军动员地方百姓收集情报以及参与作战（埋设地雷等），并在根据地修筑地道。当日军侵占特定地区，包围八路军据点时，八路军便利用地道藏身，并出其不意地从日军背后发起突袭，使用陷阱以及狙击等手段多次反击日军的讨伐队。在这种情况下，掌握实情的日军讨伐部队指挥官会"适可而止"，设法撤离，但又被八路军的"麻雀战"(零星分散的射击)刺激后冲进村庄,最终被困在狙击网中而无法抽身,由此导致全部损失的小部队亦不在少数。[39]

开滦煤矿是当时世界上屈指可数的大型煤矿,陆军宪兵军曹森本贤吉(1910年生,1931年被征召,1934年起成为宪兵)隶属于管辖该煤矿的天津宪兵队唐山分队,曾调查过连接天津和浦口(南京近郊)的津浦线某车站铁道守备队(12名)全部被歼的事件。森本认为,在承担谷物进货、发货的铁路主要车站,日军守卫队"全部被歼,没有任何申辩的余地",他的理由如下:

(日军)自己做饭,便强行让村庄的中国人交出酒、女人、猪和鸡,驱赶百姓去打水、搬运物资,买东西也不付账或用极不合理的低价购买。此后也不再认真执行放哨站岗的任务,而是热衷于诸如花纸牌或是麻将等类的赌博,日军就这样遭到百姓带来的中国军队的袭击。对其"恨彻入骨"的百姓没有给他们留全尸,大部分日本兵尸体被砍掉了手脚指头或耳鼻,眼珠也被剜出。[40]

正是日军无理对待普通中国百姓,才衍生出百姓破坏日本士兵遗体这样的残暴行为,这又再次引发日军对百姓施暴,从而陷入恶性循环。森本指出:"共军、国民党中央军若是拉拢群众包围城郭的话,日军马上会被全歼。日本士兵实施的残暴行为是出于那种不安心理,是在以儆效尤。""原是普通百姓的应征士兵到军队后爬上高位,指挥优柔寡断,致使战死人数增加","还会轻易地掉入共产党游击队的陷阱。部队士气瞬间一落千丈,应征而来的指挥官没有统帅能力,也制止不了无端的杀戮"。[41]森本还说,这样的残暴行为给当事人也带来了不幸。唐山宪兵分队中比他小一年的后辈宪兵,用日本刀斩首了七八名中国人,这在当时的军法会议上被认定为是"合法的"处决,但宪兵当事人此后在生活上开始放纵,每晚喝得酩酊大醉,生活一片狼藉,没有谁再去靠近他。然后某一天，他成为了一个一语不发的"斩首名人"。[42]

生化武器的使用

日军为了能打破中日战争的僵持状态，实施了侵略内陆的作战与战略轰炸，试图切断援蒋通道，向蒋介石政权施压，还为阻断八路军与民众的合作进行了"烬灭作战"。除此之外，为了打击中国军队的抗战意志，日军试图破坏中国军队的抗战力，甚至在战场上使用了生化武器（毒气弹及细菌武器），实施了各种秘密战斗（谋略）。

1937年7月中日战争开始初期，日军便在各地使用了催泪弹（绿剂），现地部队[1]要求使用更为强力的化学武器[43]，但在攻占南京期间，昭和天皇未允许使用超过红剂的毒气弹，于是现地部队予以弃用。换言之，在这一阶段，使用能引发喷嚏、呕吐的毒气瓦斯（红剂）以上毒性的毒气，是要经过天皇批准的。但徐州会战（1938年4月—6月）[2]以后，红剂也被投入使用，并逐渐日常化。

参谋本部在1939年5月发布开始实验性使用芥子气、路易式毒气等糜烂性毒气弹（黄剂）的命令。次年，即1940年7月的宜昌会战期间，大本营指示："严格保密使用的意图及其事实，特别是要慎重注意其对外影响。注意不在第三国人员居住区附近使用，且不留下任何使用痕迹"[44]，在此前提下方可"使用特种烟以及特种弹"。这里所指的"特种烟以及特种弹"即黄剂、黄弹。此后日军开始以中国内陆战场为中心，大规模地使用黄剂。1940年8月到1942年6月是日军在中国战场开展化学战最为密集的时期[45]，这一时期，使用红剂这一程度的毒气已经没有必须隐匿的必要。例如，1940年5月驻扎在山东的独立混成第十旅团，无论是炮兵还是步兵，分队里每个人都携带红弹、红筒，

---

1 现地部队指驻扎在当地的部队。——译者注
2 1938年1—6月中国军队以徐州为中心，在江苏、山东、安徽、河南等省抗击日军进攻的作战。——编者注

并在战斗中使用。[46]1941年9月,第一次长沙会战[1]甫一爆发,隶属于华中第十一军的第四十师团步兵第二三六联队本部的军官、陆军中尉佐佐木春隆(1920年生,陆士54期)从联队长处接到命令:"这次的战场都是山地……掷弹筒的弹丸、手榴弹及红筒都尽量带去。"[47]

除毒气弹外,日军还使用了细菌武器。日军在哈尔滨近郊平房区设有本部和实验设施的731部队及其支队(牡丹江、海拉尔、林口、孙吴,此后也设于大连),将鼠疫、伤寒、霍乱、流行性出血热、炭疽等病原菌转化为武器(普遍认为实际投入使用的只有鼠疫与炭疽),并在诺门坎事件(1939年)中首次实施了细菌战。有资料称,1940年浙东作战期间在宁波,同年在衢县也进行了细菌战,1941年常德作战期间在常德,以及1942年浙赣作战中在金华,都由731部队大规模散布鼠疫菌。[48]由于731部队的鼠疫菌扩散,中国部分地区在战后长期都受到流行疫病的影响。此外,有记录表明陆军登户研究所曾在湖南省洞庭湖周边实施针对动植物开发的生化武器的散布实验。[49]日军在中国大陆的各地进行了毒气战与细菌战,直至1944年7月,在美国总统的第二次警告下停止。

上海公共租界的谋略活动

日军进驻法属印度支那北部、德日意三国同盟条约得以签订的1940年,是中日战争迈向对英美战争的分水岭。这一年,一则重要事件的发生再次使中日战争陷入胶着,那就是3月30日汪伪政权成立,4月举行的"还都南京"的仪式。南京原是国民政府(蒋介石政权)的首都,当时完全由日军控制。

但当时处在日军占领区正中央的,是日军无法涉足的上海公共租界及法租界。上海市政府当时处在日本的支配下,但公共租界则是由

---

1 历史上一共有三次大规模的"长沙会战",分别发生在1939年9月至10月、1941年9月至10月及1941年12月至1942年1月,它们依次被称为"第一次长沙会战""第二次长沙会战"及"第三次长沙会战"。——编者注

类似独立政府的工部局治理,由外国军队以及工部局警察负责警备。公共租界是中国金融、贸易、流通业的中心,以蒋介石政权的法币(法定纸币)为通用货币,这里同时是援蒋物资的一大入口,在政治上也是抗日运动的据点,是列强、日本、中国进行各种谋略活动的鱼龙混杂之地。随着中日战争的进行,日本不得不开始与处在上海的中国政府(蒋介石)、列强(英、美、法、苏)进一步开展地下战斗。另外,随着各国对援蒋的政治倾斜,日军对中国的地下战斗也逐步带有了对英、美、法、苏之地下战斗的性质。

1939年5月,身为国民党政权要人的汪精卫依靠日本陆军,从河内秘密返沪,着手准备筹建新政权,上海公共租界成为了激烈谋略战的策源地。参谋本部为扶植汪精卫(援助新政权)在上海设置了"梅机关",汪精卫及其亲信周佛海、梅思平、陈公博等人由日本宪兵严加保护。"梅机关"此后负责在华美军的情报收集、破坏美军基地、对重庆防谍、谍报,以及物资购买等工作,成为日军在中国进行地下战斗的中心机构。此外,"梅机关"还负责报纸等大众媒体的舆论诱导。

地下战斗中舆论诱导的执行者,不光是宪兵,报纸记者也会在无意间协助并予以推动。汪精卫抵达上海后,《读卖新闻》记者小俣行夫(1912年生,1936年入社)与同盟通信的松方三郎、松本重治,《朝日新闻》的白川威海,《每日新闻》的田知花信量,《读卖新闻》的三浦薰雄等驻上海支局长级人士一道,受"梅机关"的影佐祯昭少将邀请,撰写支持汪精卫的报道,影佐恳请他们封杀反汪言论。"影佐这样的人物竟然向报纸记者低头"[50],小俣等人为此动容,并大力协助影佐。此后,在上海发生的并非言论战,而是汪精卫等亲日派与重庆蒋介石派、各自的特务机关与日本宪兵之间以血还血的暗杀等秘密战斗。

1939年至1940年间,在上海租界这个舞台上,每天必定会发生数起袭击、暗杀重要人士的事件。重庆方面派遣了蓝衣社、CC团、三民主义青年团等十数家社团,超过500人的行动队潜入公共租界,汪派也动用了同等规模的特工,以上海市政府支配地区(日方)为根据地,展开了激烈的斗争。在汪精卫转移至上海后,中国内部的抗争愈加激化。汪精卫等亲日派有日军及上海特别市,重庆蒋介石派则有英、美及工部局,加上各特务机关为了收集情报以及获取资金,还与上海的黑社会组织(青帮)关系密切,在赌博与享乐之都——上海滩长袖善舞。其与各种权力、利益交织在一起,形成了错综复杂、纠缠不清的混乱局面。出入日军宪兵队负责收集情报的小俣记录:"包括黑社会组织之间的斗争,上海每天平均有5~6人被枪杀,1939年一年内有超过2000人被杀。"[51]

更进一步的地下战斗——印制伪钞的经济谋略战

通过印制伪钞实行经济谋略战,是日本陆军在中日战争期间实施的地下战斗(谋略)之一。1939年,筹划对华谋略的参谋本部第二部第八课(谋略课)在中国战场上投放伪法币,起草了《对支经济谋略实施计划》,来破坏中国经济。[52]印制伪钞的任务,由对苏谋略活动的专家陆军主计少佐山本宪藏(1910年生,陆军会计学校毕业)负责,由陆军科学研究所登户出张所(后改为第九陆军技术研究所,即登户研究所)第三科进行研制与印刷。日军在中国大量散布伪法币,是为了制造通货膨胀,继而搅乱中国国内经济,削弱中国抗战势力。虽然1939年伪法币被制造出来,但蒋介石政府的法币真钞(货币发行银行为中国银行、中央银行、交通银行、农工银行四行)是由英系、美系的印刷厂承印,钞纸(漉纸、水印)以及精密印刷技术高,纸质也十分独特,伪造难度很高,所以(兑换商)最初在钱庄很容易就被识破。[53]但太平洋战争爆发后,1941年12月25日,日军占领香港,并从蒋介石政权的印钞厂缴获了法币印钞机、印刷用原版以及纸币用纸,登户研究所的伪钞印制从1942年开始渐入轨道,开始向中国大量投放伪钞。

印制伪钞的经济谋略活动的中心地,依然是地下战斗的最大据点——上海。在中国派遣军(1939年10月组建,总司令部设于南京)之下设置了施行经济谋略的各个机关。伪钞作战的司令部为由总军直辖的"松机关"(责任人:冈田芳政参谋),实施伪钞的接收、投放的部队是上海的"阪田机关"(责任人:阪田诚盛陆军特约顾问)。"阪田机关"与青帮(上海黑社会组织)首领杜月笙的手下徐采丞合办了华新公司(原诚达公司),华新公司通过徐采丞的民华公司(原达记公司)与蒋介石政权也有所关联,是伪钞流通的总管机构,也是对重庆工作、实施谋略的据点。[54]原本扶持汪伪政权的"梅机关"之后也接受由阪田机关提供的伪钞,负责物资收购。此外,"阪田机关"之下,松林堂(责任人:板垣清)、万和通商(责任人:儿玉誉士夫)、南机关等伪装的商社,也负责收购军用物资。

登户研究所印刷了45亿元(相当于约45亿日元)的伪钞,其中30亿元被使用,[55]这些伪法币实际上并非为了经济谋略,大部分都用于在中国大陆收购军用物资。用伪钞收购物资,是因为汪伪政权的纸币(储备银行券)在日军占领区内信用度极低,收购物资时十分不便(价格被抬高)。有相关证言[56]指出了法币与储备银行券的市场实际兑换汇率,在1945年储备银行券的价值只有法币的1%。换言之,日军使用法币(伪钞)要比使用储备银行券有利得多。

另外,当初日军为促进通货膨胀而导入伪钞,但在二战末期,中国国内的通货膨胀也使货币价值大幅下降,蒋政权在英美的支持下发行了100万元、200万元等超大额纸币,使得日军持有的5元、10元以及最高100元的小额纸币无用武之地。原本想制造通货膨胀的伪钞,结果因通货膨胀而失去了价值。

注

(1)岩本彻三『零戦擊墜王——空戦八年の記録』,光人社NF文庫,1994年/初出:今天の話題社,1972年,第20—21页。

(2)同前,第32页。

（3）大高勇治『第七駆逐隊海戦記——生粋の駆逐艦乗りたちの戦い』，光人社NF文庫，2010年/初出：『「海の狼」駆逐艦奮迅録——第七駆逐隊太平洋海戦記』，光人社，2005年，第125—126页。

（4）同前，第128—129页。

（5）深沢卓男『祭兵団インパール戦記——歴戦大尉の見た地獄の戦場』，光人社NF文庫，2004年，第40—41页。此外，深泽的回忆录与书名不同，书中前半部分详细描述了江苏省扬州地区的作战与警备的情况。

（6）同前，第50页。

（7）同前，第56页。

（8）同前，第57页。

（9）桑田悦、前原透编『日本の戦争・図解とデータ』，原書房，1982年，第21页；防衛庁防衛研究所戦史室・戦史叢書90『支那事変陸軍作戦（3）』，朝雲新聞社，1975年，第8页。

（10）藤原彰『昭和天皇の十五年戦争』，青木書店，1991年，第109页。

（11）前述深沢『祭兵団インパール戦記』，第69页。

（12）前述『支那事変陸軍作戦（3）』，第155页。

（13）小俣行男『侵掠——中国戦線従軍記者の証言』，現代史出版社・德間書店，1982年，第193页。

（14）井本熊男『作戦日誌で綴る支那事変』，芙蓉書房，1978年，第426页。

（15）防衛庁防衛研修所戦史室・戦史叢書95『海軍航空概史』，朝雲新聞社，1976年，第11页。

（16）前述『支那事変陸軍作戦（3）』，第212页。

（17）同前，第213—214页。

（18）前述小俣『侵掠』，第193页。

（19）前述『海軍航空概史』，第120页；厳谷二三男『中攻——その技術発展と壮烈な戦歴』，原書房，1976年，第47页。

（20）東秋夫『奇跡の中攻隊——予科練一期生の生還』，光人社NF文庫，2011年/初出：光人社，1989年，第52页。

（21）同前，第56页。

（22）同前，第59—67页。

（23）同前，第70页。

（24）羽切松雄『大空の決戦——零戦搭乗員空戦録』，文春文庫，2000年/初出：

朝日ソノラマ,1994年,第102—106页。

(25)1944年以前为元参謀本部編制課動員班員編『支那事変大東亜戦争間動員概史』復刻版,不二出版,1988年,第305页。1945年为前述『日本の戦争·図解とデータ』資料編,第21页。

(26)从前述『支那事変陸軍作戦(3)』中算出。

(27)同前,第256页。

(28)佐々木春隆『華中作戦——最前線下級指揮官の見た泥沼の中国戦線』,光人社NF文庫,2007年/初出:図書出版社,1987年,第291页。

(29)前述深沢『祭兵団インパール戦記』,第80—90页。

(30)坂野吉平『生き残った元日本兵 戦争証言110』,新風舎文庫,2005年/初出:『戦争聞き歩き 生きてます』,新風舎,2004年,第166页。

(31)同前,第38页。

(32)武克全編:《抗日战争大事典》,学林出版社,2005年,第334—336页。之后有关中国方面的数据(有关投入兵力、损失等)参考此书。

(33)前述『支那事変陸軍作戦(3)』,第256页。之后有关日本方面的数据(有关投入兵力、损失等)参考此书。

(34)前述《抗日战争大事典》,第336页。

(35)江口圭一『十五年戦争小史(新版)』,青木書店,1991年,第207—208页。

(36)前述阪野『生き残った元日本兵 戦争証言110』,第42页。

(37)参照笠原十九司『南京事件と三光作戦——未来に生かす戦争の記憶』,大月書店,1999年。

(38)参照小田部雄次、林博史、山田朗『キーワード日本の戦争犯罪』,雄山閣,1995年。

(39)前述深沢『祭兵団インパール戦記』,第57页;前述阪野『生き残った元日本兵 戦争証言110』,第154页。

(40)森本賢吉『憲兵物語——ある憲兵の見た昭和の戦争』,光人社NF文庫,2003年/初出:光人舎,1997年,第169—170页。

(41)同前,第95页。

(42)同前,第170页。

(43)有关日军的毒气战的扩大激化详见松野誠也『日本軍の毒ガス兵器』,凱風社,2005年。

(44)大陸指699号(1940年7月23日),收录于森松俊夫監修、原剛解説『「大本

営陸軍ぶ」大陸命・大陸指総修正　第五巻　昭和十五年』,エムティ出版,1994年,第94页。

（45）日军在中国战场的化学武器（毒气）使用在1942年6月美国总统警告后逐渐被抑制,于1944年7月的再次警告后被停止。

（46）中国帰還者連絡会、新読書社編『侵略——中国における日本戦犯の告白』,新読書社,1958年,第89页。

（47）佐々木春隆『長沙作戦——緒戦の栄光に隠された敗北』,光人社NF文庫,2007年/初出：図書出版社,1988年,第108页。

（48）参考松村高夫、解学詩、郭洪茂、李力、江田いづみ、江田憲治『戦争と疫病——七三一部隊のもたらしたもの』,本の友社,1997年。

（49）海野福寿、山田朗、渡辺賢二編『陸軍登戸研究所——隠蔽された謀略秘密兵器開発』,青木書店,2003年,第102页。

（50）前述小俣行男『侵掠』,第147—148页。另外,小俣行男的本名为行夫。

（51）同前,第163页。

（52）山本憲蔵『陸軍贋幣作戦——計画・実行者が明かす中日戦秘話』,現代史出版社・徳間書店,1984年,第66—68页。

（53）同前,第85页。

（54）前述海野等編『陸軍登戸研究所』,第113页。

（55）当时,日元与法币基本价值相当。1945年日本的国家预算约为200亿日元规模,因此45亿元（日元）的伪钞在量上可以说是巨额数目。

（56）佐々木春隆『大陸打通作戦——日本陸軍最後の大作戦』,光人社NF文庫,2008年/初出：『最後の打通作戦』,図書出版社,1991年,第142—143页。

第二章

胜利与代价：进入世界战争
（1941年12月—1942年3月）

先发与集中——空战的胜利

登陆马来半岛的哥打巴鲁

太平洋战争的武力行使，以意想不到的形式展开。开战的前一天，即1941年12月7日（星期日）10:25（日本时间·24小时制，下同），在马来半岛海面，陆军的一式战斗机[1]击落一架英军的PBY卡特琳娜水上飞机。[(1)]此时，从法属印度南岸到达泰国湾的日军马来半岛登陆部队（拥有27艘运输船及护卫舰）兵分五路，于10:30同时逼近分散在五处的"G点"。运输船队在航行途中，于前一天（6日）被澳大利亚的侦察机发现，英军便在这一天派水上飞机从新加坡飞来侦察日军动向。不过，英军水上飞机在确认运输船队之前，被日本海军零式水上侦察机发现，海军毫不犹豫地对其开火（9:50）。6日，联合舰队司令长官山本五十六下达命令，英国战机如果接近运输船队，马上将其击落。[(2)]海军的水面侦察，在诱导英国军机向船队反方向飞行的同时，在空中护卫船队的陆军飞行第五十九战队的10架一式战斗机，也飞离了南部法属印度（越南）磅德拉基地，英国水上飞机很快便被击落。

这一天，飞行第六十四战队正在南部法属印度富国岛阳东基地待命，继五十九战队之后（17:30以后）接过护卫船队的任务。六十四战队队员陆军军曹安田义人（1916年生，操纵学生81期）回忆道，在听到英军机被击落的速报后，他并未像地面勤务员那样欢欣鼓舞，而是对此感到"惊讶"。[(3)]因为他原本预想英军会马上攻击船队，而且马来半岛海域天气突变，陆军飞机并不擅长海上飞行，加上又是傍晚到夜间这一时间段的飞行，队员内心一定相当不安。正如安田所担心的，开战前夜的船队护卫十分糟糕。战队队长、陆军少佐加藤建夫（1903

---

1 别名"隼式战斗机"。——译者注

年生，陆士37期）甄选了14名飞行经验超过四年的飞行员，以保证在恶劣条件下也能完成任务，预计最为艰难的第二直（替换六十四战队的第二阵容）则由少佐亲自率领。如预想一样，第二直在狂风暴雨中护卫船队。加藤寻找失散的部下，22∶40左右最终返回了基地，7架飞机有3架未归。[4]如此，在开战之前，已有官兵无声无息地失去了生命。

东京大本营的陆军部害怕击落英军飞机事件会使日方的作战意图被英方察觉，于是决定尽可能地提前实施马来半岛登陆作战。原先计划马来半岛哥打巴鲁的登陆作战与海军部队的偷袭珍珠港同时进行（日本时间3∶00），结果作战提前了75分钟左右。12月8日1∶35，停泊在英属马来哥打巴鲁洋面，分乘三只运输船的陆军部队（以第十八师团步兵第五十六联队为主干的侘美支队）的大发（登陆用船艇）向陆地出动。2∶15，登陆哥打巴鲁海岸。[5]陆军之所以在开战首日必须要登陆这片海岸，是因为这里有英国空军的哥打巴鲁机场，并配有30~40架战斗机、鱼雷机等。若能在开战伊始占领机场，不仅能确保马来半岛到泰国湾的制空权，甚至能确保制海权，还能迅速调动集结在南部法属印度的陆军航空兵力，使马来半岛南部航空歼灭战能够顺利展开。

偷袭珍珠港

南部法属印度基地里的加藤建夫（前出）正等待着未归的部下之时，也就是12月7日23∶12，试图侵入珍珠港的日本特殊潜航艇的潜望镜被美军扫雷艇发现。[6]8日0时，机动部队已经南下，接近夏威夷北面约250海里，各舰内吹响了"全体起床"的军号，发起了"交战准备"的号令。为祈求胜利，机动部队开始参拜舰内神社（军舰中都会供奉冠有军舰名的神社），分发御神酒。空军飞行员也给机体、弹药、鱼雷敬献上御神酒，祈愿作战成功。

飞行员全体集合时，六艘航空母舰"赤城""加贺""飞龙""苍龙""翔鹤""瑞鹤"的飞行甲板上，负责在舰队上空进行护卫的警戒战斗机编队、第一波攻击队的制空队（均为零式舰载战斗机）、搭载250千克炸弹的俯冲轰炸队（九九式舰载轰炸机）、搭载800千克炸弹的水平轰炸机，以及800千克航空鱼雷的雷击队（均为九七式三号舰载攻击机队）已在舰首一侧排列，进行试运行。

最新锐的"瑞鹤"号航母战斗机编队的海军一等飞行兵曹岩本彻三（前出），是飞行经验超过五年的熟练飞行员，因此被选拔到负责上空警戒任务的第一直（4:30前负责机动部队上空警戒）。岩本表示，"不能参与这百年一遇的出击，实为遗憾"，但当他听说上空警戒任务所选拔的都是各舰的行家里手，岩本内心感到十分满足。若美军发动攻击，便是在自己负责的第一直的时间段，他顿时来了兴致。[7]在长240米、宽23米的"瑞鹤"的甲板上，所有机种依次排开，最先出动的岩本飞机前方仅留有40米左右的空间。这种短距离的离舰起飞是为了让更多的舰载轰炸机及舰载攻击机加入到空袭部队中，因此舰身晃动较大，即使是岩本这样的老手也没有接受过这样的训练或演习，是"不试试也不知道会怎样"[8]的状态。虽是如此措手不及的苛刻任务，六艘航母却未发生一起起飞事故，这也说明了当时在航母执勤的飞行员技术之熟练。1:20，六艘航母为获得飞机离舰起飞时的合成风力，开始朝上风方向全速航行，预定从1:30开始，第一波攻击队按照战斗机、轰炸机、攻击机的顺序依次起飞。

岩本彻三在机动部队上空目送了第一波攻击队的183架飞机，以及2:45开始起飞的第二波攻击队，共有167架飞机。此时，机动部队已接近距夏威夷不到200海里处。岩本的任务时间结束，第一波攻击队（损失9架）于5:30到6:30，第二波攻击队（损失20架）于7:00到8:00陆续返回。在此期间，美军完全没有反击。在"瑞鹤"上空警戒的第三直（7:00到10:00）的队员，在上空发现了美军的飞艇并展开追踪，但被其逃脱。[9]

日军偷袭珍珠港，给美国太平洋舰队带来了巨大损失。[1]当天，停泊在珍珠港军港的8艘战列舰、7艘巡洋舰、8艘驱逐舰、5艘潜艇中，被日军击沉或击毁了19艘船舰，包括4艘战列舰。但当天不在该港的3艘航空母舰毫发无损。被击沉的2艘战列舰嗣后被打捞收回，经过一番修理，再次服役。被完全破坏或中等破坏的战舰也均被修复，回归战斗序列。被损坏的2艘巡洋舰及3艘驱逐舰也均被修复。最终，在珍珠港内被击沉、击毁的19艘船只中，只有"亚利桑那"号战列舰以及"犹他"号等3艘靶舰被放弃。[10]由此看来，日军偷袭珍珠港的空前战果也只是昙花一现。

菲律宾空战——海军情况

日军于12月8日开始的作战并非一帆风顺。与珍珠港、马来半岛同样，计划黎明时分开始的菲律宾战役，进攻的主力为位于台湾的海军航空队，但因浓雾不能发动。日军同时还担心台湾方面，得知开战的美军会不会用B-17轰炸机进行先发攻击。前往菲律宾的空袭部队比计划推迟了6个多小时方才出动，于9点多开始。此时，夏威夷洋面的机动部队已经完成了所有飞机的收容工作。[11]

黎明时分背着日出开始战斗，这是自古以来日本的战斗定式。从台湾南部的台南基地到菲律宾吕宋岛的重要地区有500海里（930千米），零战的巡航速度为115节（匹配中攻的最佳速度），需耗费4个小时。[12]要在7:30空袭目标，即使是距离450海里的克拉克机场，也需在4:00出击。

然而，海军航空部队的出击因大雾一再推迟，而此时成功偷袭珍珠港的消息已经传来。

原台南航空队的零战部队小队长、海军一等飞行兵曹坂井三郎（1916年生，操纵练习生38期）于2:00前起床，4:00已做好出发准备，

---

[1] 日本海空军突袭珍珠港，击毁击伤美主要舰只10余艘、飞机180架（一说270架），美军伤亡3400余人。——编者注

内心却焦躁不安。"战争已经拉开序幕，敌人当然会采取一些措施。(中略)地面上的友军飞机因浓雾不能采取行动，不能对敌人形成任何威胁，不仅如此，他们还形成了极其危险的爆炸物集体。"[13]坂井的台南航空队最终比计划时间晚了6个小时，于10:00从基地出发，但此时已失去了奇袭的机会。

日本海军的菲律宾空袭部队(战斗机和轰炸机共计198架，其中6架因事故等未参加空袭)从台湾各基地出发的时间为9:18到10:55，各基地存在差异。[14]这些飞机群陆续到达美军克拉克机场的时间为13:35到13:45之间，自珍珠港空袭开始，已经过去了10小时以上，美军已经做好迎击的态势。

可是，大雾导致日军超过6个小时的出击延迟，这反而给美军带来了祸端。美军航空部队得知空袭夏威夷的情报后，预计日军空袭部队会在黎明前从航母出击，于是在近海进行了细致的巡逻，并出动了迎击战斗机在上空待命。然而，出乎意料的是近海处并未看到日军航母以及空袭部队，到了下午，他们为补充燃料，大部分战斗机部队降落到了地面。而就在此时，以零战为首的日本海军空袭部队从台湾出发来袭。一时被钻了空子的美军驻菲律宾的飞机(约200架)，在开战首日便在地面失去了一半，勉强起飞迎击的战斗机，也非日方经验丰富的飞行员的对手而陆续被击落。坂井也在开战首日击落了一架P-40战斗机。[15]

美军位于菲律宾的航空部队此次遭到的打击，是仅次于珍珠港的巨大损失。对于在首战中一举获得制空权的日军来说，这次攻击推动了此后的菲律宾攻略作战朝着有利形势展开。

菲律宾空战——陆军情况

日军首战中的胜利(占领南方资源区域)，有赖于开战初制空权的确立。这里的主角可以说是海军航空兵。开战之时，盟军在菲律宾、马来、荷属东印度、缅甸部署了约720架飞机[16]，至1942年3月(占领荷属东印度等于第一阶段作战结束）为止，遭到海军航空兵的攻击后损失了其中的565架（78%）[17]。

例如，菲律宾的美军迎击飞机（战斗机）原有105架左右[18]，而实际出动的约为80架[19]。与之相对，日本海军在开战当日出动了共计192架飞机（中攻108架、零战84架）的空袭部队，从中国台湾南部一举侵入菲律宾。[20]双方战斗机数量虽不相上下，但迎击方在空中待命的飞机为总数的1/3左右，对于可以自由选择攻击地点与时间的日方来说，可以集中兵力分别击破分散之敌。最终日方损失2架中攻、7架零战，仅用了一天时间就让美军航空兵的力量减半。

一般认为，开战时日方的机型，尤其是海军零战、陆军的一式战斗机的性能都优于盟军的战斗机。但是，日军未能在所有正面战场配备这样的飞机。海军在夏威夷、菲律宾方面，陆军在马来方面用上了最新机型，而其他地区并不全是如此。比如对于陆军来说，就未能向菲律宾方面配送最新的机型。开战之初，由最新锐的一式战斗机组建的飞机战队只有两支（各36架），均从南部法属印度挺进了马来半岛。攻打菲律宾期间，陆军必须在海军航空兵的保护下作战，于是也投入了自己的航空部队。开战首日，陆军航空部队的轰炸机（九七式重轰炸机、九九式双发轻型轰炸机）从中国台湾出发，对菲律宾进行了空袭。但战斗机是在诺门坎事件中使用的拥有固定起落架的九七式战斗机，续航距离短，无法伴随轰炸机。因此，战斗机编队便承担了驶向菲律宾的运送船队在台湾近海上空的护卫任务。即便如此，对于陆军的战斗机编队来说，洋面上的船队护卫也是此前未曾经历过的任务，加上机型极为落后，便精选了经验丰富的飞行员承担此项任务。在台湾最南部的恒春基地，陆军飞行第五〇战队的陆军伍长穴吹智（1921年生，少年飞行兵6期），在后来成为了陆军首屈一指的王牌飞行员。但在此时，他的驾龄仅一年九个月，飞行时间不到200小时，属于"驾驶技术·丙"这一级别，他未能被选中参加首日作战，而是在基地充当7.7毫米机关枪子弹的串联工作。对此，穴吹愤愤不平。[21]

陆军战斗机续航能力不足，这个问题日军一开始就心知肚明。因此，日军在8日占领吕宋海峡的巴丹岛后，便迅速完善了用于燃料补给的巴士古机场，以备10日以后开始使用。穴吹等人也于10日从中国台湾出发，得以在菲律宾停泊港上空进行警备，但因天气恶劣，洋面上的飞行苦不堪言。之后虽然挺进了菲律宾，但九七式战斗机完全追不上时而来袭的美军P-40战斗机，两挺7.7毫米机关枪的火力对B-17轰炸机来说就是挠痒痒。"想驾驶再快一点的战斗机。就靠九七式战斗机，无论是速度还是武力，都无法与敌交锋！"[22]穴吹切齿扼腕地感叹道。在初战中获得航空优势的日军，实际上也有着这样的一面。

马来海战——中攻的荣光

在首战中，让日本航空部队大显身手的除了偷袭珍珠港，还有12月10日的马来海战。日本在此次海战中投入了海军的九六式陆上攻击机、一式陆上攻击机，合计85架。虽然损失了其中3架，但也通过轰炸与鱼雷攻击击沉了英国远东舰队的"威尔士亲王"号战列舰和"反击"号战列巡洋舰这两艘主力战舰。只靠空中攻击，而且是双发的中型轰炸机的水平轰炸与鱼雷攻击，将在海面上自由航行的战舰击沉，这在海战史上是首次。

大家一般都会强调这次航空海战的"首次"性，但实际上，中型轰炸机单独击沉战舰的事例也是"最后"一次，这同样重要。能实现这个"首次"，有赖于海军的陆上攻击（海军通称其"中攻"）部队熟练的技术。而成为"最后"，是因为事实证明，没有制空权就无法获得制海权。自此以后，便没有出现无战斗机护航的战舰行动，对空雷达与防御火力也迅速被强化。

在此，可进一步深入分析达成"首次"的原因。开战伊始，日本海军使用的航空器在数量上不一定足够，但在性能上，尤其是攻击性能方面都很优秀，而且一线部队的飞行员技术超群，在偷袭珍珠港时鱼雷攻击的命中率达95%[23]，马来海战（目标为自由回避的二战舰）中鱼雷攻击的命中率也达到43%，印度洋空袭中（1942年3月—4月）作为机动部队的俯冲轰炸机编队对舰命中率也创下88%~89%的纪录[24]。海军航空兵如此高标准的熟练度是中日战争到太平洋战争开战之前"名人教育"培养的成果。中日战争期间，海军航空部队在所谓的"跨洋轰炸"[25]以及对重庆等地的远距离战略轰炸中[26]，积累了丰富的实战经验。与英美开战前的4年间，海军要求所有的基地航空队以及航母机乘务员每3个月轮流在前线执勤和从事舰队、日本本土的相关工作（相当于教育训练），致力于提高技术[27]，因此海军航空队整体的实战技术保持着较高的水平。此外，海军还进行了对美作战的"名人"培育，从1938年起设置了"特修科飞行技练习生"，基于"少而精"的教育方针，在开战前通过"特修科"培养了水平轰炸射击员56名，通信员53名，观测员21名。[28]这些"名人"乘务员在实战期间，会搭乘编队领头的队长机（27架编队的长机）、或者中队长机（9架编队的长机），或作为小队长机以上级别的机长发挥作用。虽然人数不多，但这些少数的"名人"实际上支撑着整个海军航空兵。

参加了马来海战的第二十二航空战队中的美幌航空队的九六陆攻副驾驶员，海军二等飞行兵曹岩崎嘉秋（1918年生，操纵练习生51期），曾是"陆奥"号军舰的主炮员，后担任飞机整备员，其后又自己申请转为驾驶员。此时他隶属于负责水平轰炸的中队。位于九架编队领头的中队长机的轰炸手是由"特修科"出身的下士官担任，这也获得了中队飞行员们的一致信任，认为只要按照中队长机的做法来便行。列机8架有条不紊地维持着紧密编队，依靠读取中队长机轰炸手的无线指令，以及驾驶员微妙的机位来修正、调整误差。中队长机发出口令"空投准备！保持航向、保持航向！预备（发射）！"时，便从高空3000米处一齐投下了250千克的炸弹。岩崎飞机的机长打开升降口，关注着弹道，并确认他们编队投下的炸弹，在投下不到一分钟后，的确击中了"反击"号战舰的中后部，并使其燃起了冲天的火光。[29]

生乎死乎——如履薄冰的空战

第二十二航空战队中元山航空队的九六陆攻机长、侦察员、海军一等飞行兵曹村上益夫（1920年生，预科练乙种6期）也从高空2500米处确认了英国"反击"号战舰被炸弹击中，浓烟滚滚的情形。[30]村上所属的第三中队为鱼雷攻击编队，同样是鱼雷攻击编队的第一中队也开始下降。与水平轰炸不同，鱼雷攻击的编队并非按紧密队形进行，而是中队变成小队，小队变成单机依次分散，由单机机长判断最佳进入点，距离水面10米以内投下鱼雷。航空鱼雷在水中的航速为4至5节[1]，约2千米。为缩短目标舰的躲避时间，鱼雷攻击机发射鱼雷时，接近目标舰800米至1200米左右为最佳。[31]假设接近到1200米的距离时，投下的鱼雷在水中行驶需要52秒，这就需要准确把握目标舰的速度，计算其在52秒内航行的距离，并在相应距离处瞄准前方投下鱼雷。目标舰的速度通过舰艇的舰种以及白色航迹的长度，可以迅速做出判断。若是能获取鱼雷攻击机的飞行路线与目标舰的航行路线相交的进入点则是最为理想的，但目标舰也会开始躲避，大多数的鱼雷攻击机会不间断地发射鱼雷，以使目标舰无处可躲，如此方能击中。越是接近目标舰，雷击命中率越高。但鱼雷投下后，鱼雷攻击机会在目标舰的上空或后方近距离低空飞行通过，所以很容易成为舰艇防御火力下的牺牲品。只要体验过实战的雷击，恐惧便会刻骨铭心，"鱼雷攻击准备"的命令让人感觉像是被宣判了死刑。[32]尤其是机身大而笨重的陆上攻击机的鱼雷攻击，其危险系数会陡增。

以"威尔士亲王"号为目标，进入鱼雷攻击态势的村上所驾驶的飞机在距其2000米时，在村上所驾驶的飞机左前方位置突进的一架九六陆攻着火，并坠落海面，燃起了火团。它遭到了防御炮火的直击。即使如此，村上机还是在接近到1000米处投下了鱼雷，并掠过战舰的舷侧，从后方逃走。他回头看时，"威尔士亲王"号舰掀起了两三条水柱。[33]马来海战期间，英方在舰队上空并未指派护航战斗机，所以日

---

1 节为航海速度单位，符号kn。1小时航行1海里的速度是1节。——编者注

方的水平轰炸队及鱼雷攻击编队除了舰队的防御火力以外,并未受到其他的阻碍,连续实施攻击,并取得了很好的战果。

日军首战胜利的确是航空兵先发与集中的结果,但为了在有限的区域内集中起陆海军的航空兵,也会造成基地的混乱以及资材不齐备等意想不到的情况频发。1942年1月20日,陆军轻型轰炸机欲在陆海军共用的南部法属印度西贡机场着陆,却冲入了停在机场内的海军陆上攻击机的列线,导致两架飞机报废。不仅如此,当天海军的一架陆上攻击机在起飞后不久,由于发动机故障而失速坠机,搭载的炸弹爆炸,导致机组人员以及基地设营队队员共9人身亡。村上一飞行兵曹等海军陆攻队的飞行员被派去收捡残骸,从石油罐捡起战友的肉片时让人意志消沉。另外,差不多同时还有一起严重的事故,西贡机场内陆军的一架战斗机在起飞时,因为驾驶失误冲进了众多送行人的队列,螺旋桨与机翼将二十几人悉数绞杀、撞死,残肢断骸四处可见,场面惨不忍睹,机场附近化为一片血海。[34]

南方攻略作战——胜利与占领的背后

哥打巴鲁海岸的士兵

太平洋战争中最初的战斗,英属马来·哥打巴鲁的陆军登陆作战和预想的一样严峻。之所以有这样的预想,是因为这里有决定北部英属马来空战能否成功的关键——哥打巴鲁机场,英军对海岸线的严密防备亦非新闻。

侘美支队的基干部队第十八师团(久留米师团)步兵第五十六联队第一大队第一机关枪中队的小队长,陆军少尉前田正雄(1918年生,熊本预备士官学校4期)作为第一波登陆部队的第二梯队(第一波部队登陆后30分钟登陆)的一员,到达了哥打巴鲁海岸,当时海水没过胸口。这时，英军在海岸附近的火力点（机关枪座）完全没有遭到压制，前田匍匐在沙滩上，问先到的士兵："喂，喂，你是哪个中队的？"然后发现对方却是一具尸体。他环顾四周，发现"沙滩上到处横陈着友军的尸体"。[35]

开战之前，驻扎在广东的前田部队从10月开始接受了一项奇妙的训练。士兵们进出二楼的宿舍时，禁止使用楼梯，而是必须用绳梯从窗户进出。这是为了训练从运输船到大发（登陆用船艇）的换乘。11月中旬，他们登上了运输船，在海上实施了为时一周的转船的模拟训练。另外，在陆地战斗的训练中，他们学习了针对火力点或坦克而使用的手榴弹型的小型化学武器（氢氰酸毒气）TB弹的操作。之后的11月28日，佗美支队的官兵5500人分乘"淡路山丸""绫户山丸""佐仓丸"等运输船出港，于12月1日暂时在海南的三亚上岸。3日拂晓，将海南岛海岸假定为哥打巴鲁海岸，进行由运输船转乘舟艇，并登陆沙滩的综合训练。然后于次日即4日，佗美支队从三亚出港。此时，除了哥打巴鲁登陆部队的3艘船外，还有泰属马来的新格拉登陆部队11艘船、宋卡北大年登陆部队6艘船，合计20艘船，一同出港（之后又有两个部队7艘船只前来汇合）。登陆作战看似准备完美，但交给前田等一线部队军官的登陆地点以及马来半岛的地图，却是比例尺为十万分之一粗制滥造的地图，完全看不到关键登陆地点的地形。[36]

作为日本组织性军事行动的第一步，完成登陆哥打巴鲁约20个小时后，佗美支队在8日22:00终于达成了战斗目的，成功占领了哥打巴鲁机场，同时自己也损失惨重。对于陆军来说，哥打巴鲁是开战首日最大的激战地。这一天登陆哥打巴鲁（或者说是试图登陆）的五十六联队2900名官兵中，死亡约710人（包括被海水淹死的约380人），负伤538人。[37]前田少尉所乘的"淡路山丸"运输船在哥打巴鲁海面停泊之时，遭到英国空军的空袭，起火沉没。对于陆军来说，12月8日在哥打巴鲁开始，也在哥打巴鲁结束。

另外，在这一天，日本陆军未经泰国政府同意，便登陆了泰属马来半岛，因此与泰国军队在巴蜀府等地也开始了战斗与争夺，双方都有死伤。[38]这番作战实际上是基于日军为了确保机场能被顺利占领这一目的，尽早横渡马来半岛的狭隘地段而展开的，对国内却隐瞒了事实。8日9：00，大本营发表声明，称"开始和平进驻泰国"。

进击马来半岛之艰难

目标是攻占新加坡的第二十五军主力（以第五师团为基干部队），在泰属马来半岛的新格拉完成了登陆。新格拉位于马来半岛中部东岸，距新加坡约1100千米。陆军之所以选择此地作为主力部队的登陆点，是因为这里是马来半岛中央的狭隘地段（克拉地峡），登陆后可以径直横穿半岛，从而挺进西海岸（马六甲海峡一侧）。西海岸比东海岸更加平坦，配备了铁路和干线道路，有利于兵力的迅速进击。

但在实际登陆后，日军勉强突破了最初的难关——日得拉防线。到达半岛西海岸后，发现掌控局面并不容易。很显然，铁路已被破坏，通往新加坡的道路也只剩一条，没有迂回之路，且有多数隘路以及河川桥梁。英军占据了这些隘路，又爆破了桥梁，以阻止日军的进击，并对无法行动的日军进行火力进攻。由于地形的制约，日军无法包围英军，也无法迂回以切断其退路，只能从正面进攻英军的防御阵地，损失不断。英军一方面通过据守防御阵地的方式来打击日军，另一方面将主力依次后退到后方的防御阵地以迎击日军，如此反复作战，使日军在到达新加坡前就彻底被消耗。另外，日军的陆地部队大多为徒步行军，而英军利用汽车撤退，因此日军无法追及英军的主力。

要打破这样的恶性循环，本可以依靠地形，在海上发动舟艇，从背后进攻英军，但因未掌握半岛西侧的制海权而只能将此想法放弃，而是让步兵部队的尖兵中队作为"银轮部队"（自行车部队）[39]先行，不让英军有余力构筑防御阵地。日军的步兵部队并非事先备有自行车，而是就地征用了自行车。当时，东南亚各地进口了很多日制自行车，修理零部件也较为容易筹措。"银轮部队"是在1941年7月进驻法属印度支那南部之时就已采用的行军方式。通常，完全负重（重30~40千克）的步兵部队一天行军的上限为30千米，而"银轮部队"为50~60千米，有时甚至可以进击100千米，在因桥梁被爆破而导致河流较浅的情况下也可以扛着徒涉。

"银轮部队"虽快，却难以搬运重机关枪和火炮，在战斗力方面有局限。登陆新格拉的第五师团（广岛）步兵第四十二联队（浜田）步兵小队队长大隈少尉（陆士54期）作为尖兵中队中的一名尖兵，于1942年1月4日，骑着自行车行驶在通往要冲斯利姆的干线道路上时，发现4辆英军轻坦克迎面驶来，于是在路上扔下自行车，让小队士兵迅速散开，躲到草丛和凹地中。英军坦克一边用机关枪扫射，一边碾碎他们的自行车，继续前行。正好此时，中队主力骑着自行车到达现场，最前列的中队长在下达命令后不久，便因机关枪的扫射而亡，众多部下也被击中，连同自行车纷纷倒下。英军坦克从道路上的自行车和士兵的身上碾过，之后坦克朝着来时的方向返回。[40]

坦克部队突破敌阵

日军要突破攻势已经滞后的马来半岛并发起进击，就必须打乱英军计划性的后退战略。为实现这一目的，便要从正面进攻英军阵地。即便能突破一处阵地，如果进击路上的桥梁遭到破坏，或车辆、重炮无法移动，也会导致日军进击的拖延。在此期间，英军会构筑下一个防御阵地。而要想打破这一局面，就必须击溃英军主力，前提是不能给予英军主力以撤退的时间，一举占领英军退路上的桥梁。

1月6日，坦克第六联队第四中队队长、陆军少佐岛田丰作（1912年生，陆士45期）被派遣支援日军进击最前线的第五师团步兵第四十二联队，他向步兵联队长安藤忠雄大佐进言，用坦克对英军斯利姆防御阵地进行夜袭。虽然日本陆军习惯夜袭，但步坦协同恐有碾轧己方步兵的危险，便没有采用这一战术。但岛田又提出了自己的打算，即亲自率领15辆坦克（九七式中型坦克10辆、九五式轻型坦克5辆），带领步兵联队的数名步兵，分别将其部署在各坦克车身之后，并安排一个步兵中队（80名）击退欲逼近坦克的敌步兵。如果能派出1个工兵小队（20人）清除反坦克障碍物，坦克部队便能在夜间突破敌阵地，进击并占领后方的斯利姆河铁桥，切断英军的退路。这样，步兵联队主力便不是夜袭，而是黎明时分发动进攻。步兵联队长同意了此案，考虑到可能会出现伤员，便从工兵队派出一名军医同行。[41]

日本工兵剪断了铁丝网，并潜入英军的纵深阵地，待他们炸毁反坦克障碍物，15辆坦克便在6日23:30发动了夜袭。夜间，英军的反坦克火器无法击中日军坦克。与此同时，岛田的坦克队射出57毫米榴弹炮，以4千米的时速前行，并接连破坏了英军的机关枪座，在凌晨1点多突破了英军多达三线的纵深阵地，彻底蹂躏（用履带践踏毁坏的坦克战术之一）[42]了后方的英军炮兵阵地以及营地。岛田坦克部队一举突破了英军第一阵地以外6千米，在次日，即7日更是进击了斯利姆铁桥，并将其收入囊中。由于坦克部队的进入，被切断了退路的英军一个师在应对日军的滞后作战中被包围，遭到挫败，不得不放弃吉隆坡。趁着英军的溃败，日军进而向英属马来半岛南部推进。

日军能够突破英军日得拉防线是因为有坦克部队，此次的"斯利姆歼灭战"的主力也是岛田少佐等人的坦克部队，且均是得益于偷袭成功。而缺乏防御力的日军轻型坦克在马来半岛战线上依然苦战不断，主要由于当与坚固的防御阵地形成正面冲突之时，英军的反坦克炮很轻易就能击穿日军坦克的装甲。战线逼近新加坡附近的柔佛州时，英军的抵抗也愈加激烈。在金马士，坦克第一联队尖兵中队的4辆坦克在同一地点被破坏、烧毁。[43]1月18日清晨，由近卫师团近卫搜索联队的五反田重雄大尉指挥的坦克中队（九五式轻型坦克9辆），在巴库里遭到英军的正面进攻。由于英军反坦克炮的攻击，中队很快全军覆灭，五反田大尉等全体官兵战死。[44]

强行发动第二次长沙会战

在马来半岛的斯利姆，岛田坦克部队几乎是毫无损失地成功突破了敌阵，日军士气高昂，并于1942年1月7日开始向斯利姆铁桥进击。与此同时，在中国湖南，3个陆军师团在从长沙撤退的途中遭到中国军队的猛烈追击，好几个联队中的大队均面临全军覆没的危机。这是从12月开始的第二次长沙会战的最终态势。

第十一军（司令官阿南惟几中将）在湖北汉口设置了司令部，为粉碎蒋介石政权的抗战意志，于1941年9月中旬至10月上旬陆续投入第三、第四、第六、第四十师团等入侵湖南，实施了长沙会战。具言之，一面打击中国第九战区的军队，一面沿洞庭湖东岸南下占领长沙，再返回最初发起攻势的防线。这种给予中国军队打击、一进一退的作战被日军官兵称为"活塞式作战"。陆军的粮食以就地征用为主，大部队经过一处，当地的粮食就会被一抢而空，所以原则上会回避同一地区短时间内的作战。

然而，太平洋战争爆发，驻扎在两广的日军第二十三军（3个师团主力）中的第十八师团被抽调到马来半岛参加作战，第三十八师团也开始了攻占香港的作战，因此广东防卫力量只剩下以第一〇四师团为主的兵力。中国军队乘机对广东方面施压，欲派驻于湖南的第九战区的部分军队南下至广西。此时，第十一军司令官阿南策划了第二次长沙会战，欲再次对长沙方面进行进攻作战，以牵制中国军队的南下，间接支援第二十三军攻占香港以及广东防卫。这是继第一次长沙会战后不久匆忙提出的作战，所以参加作战的第三、第六、第四十师团[45]在前次作战中的损失并未得到人员补充，武器弹药的储藏、输送准备也不充分。即便如此，日军还是在12月中旬匆忙开始了作战。参战部队推测，若第二十三军成功占领香港，达到牵制目的的话，就不用像第一次作战一样深入长沙，所以部队在作战伊始便大量使用了弹药。[46]

可是，即便是到12月25日香港沦陷之时，多数官兵已越过"汨水一线",但作战还是没能结束。第四十师团步兵第二三六联队本部的陆军中尉佐佐木春隆(前出),于31日收到师团司令部的急电:"军部意图以主力军队攻占长沙"。他询问联队长龟川良夫大佐的意见,联队长表示"我也不明白"。然后担心地说道:"我担心的是剩余的弹药,什么时候才给补给啊。"[47]司令官一时兴起,决心再次占领长沙的作战使战局朝着意想不到的方向发展。

佐佐木的龟川部队也奉命开始前行,中国军队破坏了交通路段(为了不让日军分载山炮的马匹通过,道路两侧被挖空,路上只剩下细的石板)[48],以及在极度缺粮的情况下一边战斗,一边行军,十分困难。在缺乏弹药的状态下,逼近长沙的日军各师团在1月3日已经陷入了中国军队的重重包围,并认识到只能撤退。为使撤退能顺利进行,佐佐木联队奉命死守大山塘,经历了4日一整天的连续作战,联队中有1591人战死,4412人负伤[49],最终却一无所获。

从水中偷袭珍珠港

偷袭珍珠港时,5艘两座的特殊潜艇中的甲标潜艇试图潜入瓦胡岛的珍珠港军港,其中3艘进入到军港内,2艘发射了鱼雷。[50]8日2:15,在佗美部队登陆马来半岛哥打巴鲁海岸的同时,珍珠港外一艘特殊潜航艇被美军"沃德"号驱逐舰击沉[51](沉没在海底的潜艇于2002年8月被发现)。也就是说,偷袭珍珠港的第一个战死者,便是这艘特殊潜艇上的两人。在进攻甲型微型潜艇时,酒卷和男海军少尉成为了日美战争中的第一名俘虏,除他以外的乘务员被称作"九军神",十分有名。

将5艘甲标运到夏威夷的是第一潜水战队的伊号第十六、第二十、第二十二、第二十四潜艇。除此之外,为偷袭珍珠港,还另外派遣了20艘伊号潜艇。20艘潜艇为能在12月7日前抵达瓦胡岛附近海域的指定位置,所属潜水战队必须在11月中旬到20日前后分别从横须贺、吴、佐伯出击。[52]潜水战队的任务是监视进出珍珠港军港美军舰队的动向以及开战后的巡逻、攻击。当时，日本海军拥有的大型潜艇伊号潜艇有30艘，隶属于第六舰队，其中的八成，也就是25艘集中到了夏威夷海域。一艘潜艇大概有80名船员，所以在偷袭珍珠港期间，瓦胡岛周边海域中潜伏了约2000名日本海军官兵。这个数量约是空袭珍珠港时飞机人员数量的3倍。

偷袭珍珠港后，监视潜艇为了补给及轮换，陆续回到罗伊、夸贾林等基地，唯独第二潜水战队的7艘潜艇一直到1月11日，持续一个多月在瓦胡岛近海游弋，每天重复着夜间巡逻（水上航行、充电）、白天潜航。这些潜艇的船员自横须贺出击以后，50多天内几乎没有见过阳光，在海里过着如同鼹鼠一般的生活。

第二潜水战队的伊号第六潜艇内，12月底一名船员因患坏血病器官衰竭而死，再加上得知燃料严重不足，舰内全体官兵都笼罩在沉闷的氛围之中。[53]舰长、海军少佐稻叶通宗（1902年生，海兵51期）为了防止士气不振而绞尽脑汁。1月11日，稻叶接到紧急通知，近海出现美军航母，与其他潜艇一同组成搜索队（由潜艇直线并排，形成宽30海里的列队，以搜索目标）。次日，即12日，伊六潜发现了列克星敦型航母，并从4300米的远距离发射鱼雷，将其击中，但因受到护卫舰反击的威胁而未能确认战果。因确认到两发鱼雷命中的声音[54]，所以判断为"确认基本击沉"。实际上被鱼雷击中的是美国海军正规航母"萨拉托加"号，虽免于沉没，但受损严重，修理用了4个月时间。

像伊六潜这样取得战果的潜艇毕竟是少数。担负珍珠港军港监视任务的伊号潜艇在机动部队偷袭成功后，也一直在指定地点待命。除了伊六潜外，其他潜艇不仅一无所获，伊号第七十潜艇在12月10日遭美国军舰载轰炸机的攻击而沉没。另外，1月27日（也有28日之说），一度离开夏威夷回到夸贾林基地，后又返回监视夏威夷的伊号第七十三潜艇也被美军水上舰艇（也有潜艇之说）攻击沉没，艇上人员大多牺牲。

威克岛的挫折

威克岛是位于关岛以东约2000千米、夏威夷往西约3000千米的一个极远的蕞尔小岛，也是连接夏威夷和菲律宾交通线的重要据点。开战前，美军派遣了一个海军陆战大队（战斗人员约500名，土木相关的勤杂人员约1200名）到达岛上，修建了炮台以及机场。1941年12月4日，又用航母运送了海军的12架格鲁曼F-4F战斗机至岛上。

12月8日5∶10，从委任统治的罗伊基地起飞的34架海军千岁航空队九六式陆上攻击机进攻威克岛。9日、10日陆攻持续实施空袭。另外，从内南洋（今马来群岛）进入的海军进攻部队（同属于第六水雷战队的"夕张"号轻巡洋舰与驱逐舰等6艘，2个海军陆战队中队660人）在10日夜间试图登陆威克岛，但因天气恶劣而暂停，到11日进行了舰炮轰击。因在之前的空袭中，威克岛的炮台和飞机遭到破坏，日方便放松了警惕，却意外遭到威克岛炮台突如其来的反击，"疾风"号驱逐舰被击沉。此外，由于残存下来的4艘战斗机（装备有炸弹投下器）的轰炸，"如月"号驱逐舰中弹，并因深水炸弹（或鱼雷）引爆而沉没。日军失去了2艘驱逐舰，登陆作战失败，攻岛部队不得不撤退到夸贾林基地。

对威克岛的第二次进攻，是在获得偷袭珍珠港后返回的第二航空战队"苍龙"号航母、"飞龙"号航母等的支援后，于12月21日进行。第二航空战队当天派出战斗机和轰炸机共计49架，次日，即22日派出战斗机、轰炸机共计39架空袭了威克岛。在22日的攻击中，海军二等飞行兵曹金泽秀利（1923年生，预科练乙种8期）作为舰载攻击机的电信员参战。在出击之前，他听说威克岛上有若干美军战斗机，其中一架"已击落友军中攻数架"[55]，但在此前参加了偷袭珍珠港的金泽等人还是没有把美军放在眼里。电信员金泽坐在三座的舰载攻击机最后的座位上，手上拿着机关枪，吃着红豆和桃子罐头，直到看到威克岛。到达该岛上空，他们在寻找地面轰炸目标时，前方上空突然出现3架格鲁曼战斗机，像流星般飞来，用机枪实施扫射，俯冲掠过己方编队的最前列。飞行在金泽等"飞龙"号舰载攻击机队前方的是"苍龙"号舰载攻击机队，负责引导水平轰炸机的长机喷着火焰，冒着黑烟坠落。此后，3架格鲁曼最终被飞龙的零战部队炸毁。在此次格鲁曼第一次偷袭中，被击落的是偷袭珍珠港期间担任舰载攻击机部队引导机的金井升上等飞行兵曹[56]，毕业于"特修科"，被称为水平轰炸名人中的名人。金井升上等飞行兵曹的战死对于机动部队来说，是一个无法挽回的损失。

日军的威克岛攻略部队在22日让2艘巡逻艇在海岸搁浅，并强行让陆战队的3个中队（970人）登陆，导致舞鹤特别陆战队遭到美军地面部队的强烈反击，中队长战死，第六根据地队的中队也失去了一个小队。次日，即23日，威克岛上的美军投降。但在这一天，出行侦察威克岛情况的金泽二飞行兵曹，在上空发现陆战队员在已被破坏的碉堡阵地附近挥手的身影，另外也发现了不少陆战队员的尸体，在"玛瑙色的海岸边，像被冲上岸边的木棒一样倒在地上"[57]，金泽受到很大冲击。金泽嗣后回忆，听说此次的登陆作战中日军死伤500人，如果加上第一波进攻失败的牺牲人数，战死469人，一说战死700人，甚至有人说是900人。

注

（1）佐々木隆爾ほか編『ドキュメント真珠湾の日』，大月書店，1991年，第37頁。原资料为『参謀本部来電綴』（防衛研究所所蔵）所收，1941年12月8日第三飞行集团长发给次长的电报。此外，也有史料记载击落时间为10时15分（須藤朔『マレー沖海戦』，朝日ソノラマ文庫，1982年，第43頁）。
（2）宇垣纏『戦藻録』，原書房，1968年，第28頁。
（3）安田義人『栄光加藤隼戰闘隊』，朝日ソノラマ文庫，1968年 / 初出：『加藤隼戰闘隊——太平洋戰記』，河出書房，1967年，第13頁。
（4）同前，第28—30頁。
（5）前述佐々木ほか編『ドキュメント真珠湾の日』，第104頁。
（6）同前，第43—44頁。

（7）岩本彻三『零戦撃墜王——空戦八年の記録』，光人社NF文庫，1994年/初出：今天的話題社，1972年，第60頁。

（8）同前，第61頁。

（9）同前，第62頁。以及「第五航空戦隊戦闘詳報·第一号」，前述佐々木ほか編『ドキュメント真珠湾の日』，第117頁。第三直的负责时间恰巧是第二次攻击队归还的时间段，美军飞行艇大概是尾随返回机动部队的第二次攻击队而来。

（10）米国海軍省戦史部編纂、史料調査会訳編『第二次大戦米国海軍作戦年誌1939—1945年』，出版協同社，1956年，第28—29頁。

（11）前述佐々木ほか編『ドキュメント真珠湾の日』，第83頁。

（12）坂井三郎『大空のサムライ』，光人社，1967年/初出：『坂井三郎空戦記録（全）』，出版協同社，1953年，第102頁。从中国台湾南端到菲律宾吕宋岛的主要目标，克拉克机场和伊巴航空基地，约有450海里（830千米），距离马尼拉近郊的尼科尔斯机场有500海里（930千米）。这是在轰炸重庆（距离汉口405海里）之时也没有经历过的距离。但是，在带落下增槽的情况下，能支持3500千米（飞行时间10小时）续航里程的零式舰载战斗机（零战）的存在推翻了原有的常识，实现了这样的攻击。

（13）同前，第108頁。

（14）前述佐々木ほか編『ドキュメント真珠湾の日』，第83頁。

（15）前述坂井『大空のサムライ』，第115頁。

（16）服部卓四郎『大東亜戦争全史』，原書房，1965年，第154頁。当时，英国、荷兰两国极东空军的总兵力为582架（R.J.Overy.The Air War1939—1945, London, Europa Publication Ltd, 1980,p.89）。

（17）堀越二郎、奥宮正武『零戦［新装改訂版］』，朝日ソノラマ，1975年，第204頁。

（18）前述服部『大東亜戦争全史』，第154頁。

（19）マーチン、ケーディン著，中条健訳『日米航空戦史——零戦の秘密を追って』，経済往来社，1967年，第135頁。

（20）海空会編『海軍航空年表』，原書房，1982年，第60頁。

（21）穴吹智『蒼空の河——穴吹軍曹隼空戦記録』，光人社NF文庫，1996年/初出：光人社，1985年，第86—87頁。

（22）同前，155頁。

（23）防衛庁防衛研修所戦史室·戦史叢書95『海軍航空概史』，朝雲新聞社，1976

年，第223页。

（24）高木惣吉『太平洋海戦史［改訂版］』，岩波新書，1995年，第171—172页。

（25）1937年8月15日，20架九六式陆上攻击机（鹿屋航空队所属）从九州大村基地发动，轰炸了南京和南昌。军用机在作战行动中往返飞行1000海里（约1850千米）以上的长距离，在当时颠覆了世界的航空常识。有关此次"跨洋轰炸"的内容参照厳谷二三男『中攻——その技術発展と壮烈な戦歴』，原書房，1976年，第32—43页。防衛庁防衛研修所戦史室・戦史叢書72『中国方面海軍作戦（1）』，朝雲新聞社，1974年，第340—344页。

（26）前述『海軍航空概史』，第120页，以及前述厳谷『中攻』，第147页。

（27）前述『海軍航空概史』，第142页。海军航空队在中日战争（1937—1941年）中的损失巨大（战死828名，其中驾驶员680名，丧失飞机554架），这场战争中，对于刚成立不久的海军航空兵力来说，不光是要员的培养方面，在用兵、兵器、技术等方面也留下了重大的教训（前述『海軍航空概史』，第121—126页）。

（28）日本海軍航空史編纂委員会編『日本海軍航空史（2）軍備篇』，時事通信社，1969年，第813页。

（29）岩崎嘉秋『われレパルスに投弾命中せり——ある陸攻操縦員の生還』，光人社NF文庫，1998年/初出：光人社，1990年，第191—192页。

（30）村上益夫『死闘の大空』，朝日ソノラマ文庫，1984年/初出：鱒書房，1956年，第26页。

（31）同前，第32页。

（32）同前，第33页。

（33）同前，第29页。

（34）同前，第38页。

（35）前田正雄『菊兵団ビルマ死闘記——栄光のマレー戦から地獄の戦場へ』，光人社NF文庫，2007年/初出：『戦場の記録』，私家版，2000年，第30页。

（36）同前，第40页。

（37）同前，第55页。

（38）防衛庁防衛研修所戦史室・戦史叢書1『マレー進攻作戦』，朝雲新聞社，1966年，第228—230页，第236—240页。

（39）"银轮部队"这个名称是在当时日本的报刊及新闻、影视作品中使用的通称，并非日军使用的正式称呼，日本陆军中不存在作为制式车辆的自行车。

（40）島田豊作『サムライ戦車隊長——島田戦車隊奮戦す』，光人社NF文庫，

1994年/初出：光人社，1969年，第172—174页。此外，一般认为，马来战线上并无英军的坦克。的确在开战前，马来战区的英军并未配备坦克，但12月下旬以后，派送了中队单位的轻坦克作增援部队（加登川幸太郎监修·彼得·扬原著，战史刊行会编译『第二次世界大战通史』，原书房，1981年，第143页）。另外，英军、澳大利亚军在强行侦察中使用的搭载机关枪的履带式装甲车布伦机枪运输车（重量3.8吨）也被日本士兵认为是"坦克"。

（41）前述岛田『サムライ戦車隊長』，第168页。有关同行的军医，参见柳沢玄一郎『軍医戦記——生と死のニューギニア戦』，光人社NF文库，2003年/初出：『あゝ南十字星の星』，神戸新聞出版センター，1979年，第28页。

（42）前述岛田『サムライ戦車隊長』，第218—219页。

（43）同前，第369页。

（44）同前，第374页，以及岩畔豪雄『シンガポール総攻撃——近衛歩兵第五連隊電撃戦記』，光人社NF文库，2000年/初出：『世紀の進軍　シンガポール総攻撃』，潮書房，1956年，第98—99页。

（45）参加了第一次作战的第四师团（大阪）在作战结束后，从第十一军脱离，成为大本营直属部队，所以未投入第二次作战。

（46）佐々木春隆『長沙作戦——緒戦の栄光に隠された敗北』，光人社NF文库，2007年/初出：図書出版社，1988年，第186页。

（47）同前，第220页。

（48）同前，第222页。

（49）同前，第291页。

（50）中村秀樹『本当の特殊潜航艇の戦い―その特性を封じた無謀な用兵』，光人社NF文库，2007年，第98—99页。

（51）前述佐々木ほか编『ドキュメント真珠湾の日』，第49页。

（52）井浦祥二郎『潜水艦隊』，朝日ソノラマ文庫，1983年/初出：日本出版協同社，1953年，第23页。

（53）稲葉通宗『海底十一万浬』，朝日ソノラマ文庫，1984年/初出：今天の話題社，1980年，第33页。

（54）同前，第75—76页。

（55）金沢秀利『空母雷撃隊——艦攻搭乗員の太平洋海空戦記』，光人社NF文库，2009年/初出：今天の話題社，1971年，第78页。

（56）同前，第79—80页。

（57）同前，第91页。

第三章

挫折与消耗：战局的转换
（1942年4月—1943年10月）

中途岛海战

中途岛空袭

经历了偷袭珍珠港和威克岛之战的"飞龙"号航母飞行员、海军二等飞行兵曹金泽秀利（前出），在对中途岛的第一波进攻中，作为挂着800千克炸弹的九七舰载攻击机的电信员兼机枪手参战。6月5日1:30，进攻部队在天亮前发动了"赤城"号、"加贺"号、"飞龙"号、"苍龙"号等航母，以"飞龙"号、"苍龙"号舰载攻击部队（36架九七舰载攻击机）为首，"赤城"号、"加贺"号的舰载轰炸机部队（36架九九舰载轰炸机），各航母的护航战斗机（36架零战）在后，组成段丘状编队（各队间距离为2000米，高度差为500米），在4000米高空（舰载攻击机队的高度），以时速125节的速度飞行。

金泽所担心的是前一天，即4日日落之后，看见有疑似美军陆上机的9架编队在机动部队上空飞过。[1]"飞龙"号拉响了对空战斗的警报，但由于是日落之后，便暂停了战斗机的起飞。也就是说，日本舰队先被美方发现。今天进攻部队出发的同时，机动部队也派出了侦察机（其中2架出发延迟）。根据印度洋空袭时的经验，此番与进攻部队同时开始侦察，若在攻击敌方（中途岛）时发现敌机动部队，就可能会产生混乱。这样的想法在金泽脑海中一掠而过，这是因为在印度亭可马里空袭之时，有过英国"竞技神"号航母被发现的经验。最让金泽不安的是进攻部队的进击队形。在空战中，几乎零防备的舰载攻击机处在编队的最前列，后方是舰载轰炸机，末尾是护卫的零战，这样的编队在敌战斗机果断反向航行（迎面发生冲突），攻击领头编队的情况之下，会造成己方猝不及防。金泽曾在威克岛目击了美军战机迅速击落轰炸高手所乘坐的长机；也经历过空袭科伦坡之时，在护航战斗机欲攻击地面而

· 50 ·

离开的间隙,潜伏在上空的英军飓风式战斗机瞬间击落僚机之事。[2]

金泽的担心最终成为了现实。在逼近中途岛时,从该岛起飞的约40架美军格鲁曼F-4F战斗机与攻击队领头的舰载攻击部队反向航行,从前方上空发起攻击。飞在最前列的第一波攻击队的指挥官友永丈市大尉的飞机喷出了赤红的火焰。"指挥官座机被击中了",金泽僵住了。但下一刻,指挥官座机通过紧急加速操作,巧妙地熄灭了火焰——当时的王牌飞行员身怀这样的技巧。之后"飞龙"号舰载攻击部队遭到敌战斗机的攻击,几架舰载攻击机均带着火焰和白烟(汽油泄漏)飞行,终于等到零战部队前来支援,将格鲁曼驱逐。最终虽然有一架舰载攻击机在海面紧急迫降,但还是摆脱了危机。

出动两小时后,抵达中途岛上空的第一波攻击队实施了轰炸,对陆地设施造成一定破坏,但美军机已提前转移,未被发现。岛上的对空炮火十分猛烈,金泽脚上负伤。金泽忍着疼痛返回到机动部队上空之时,航母群正遭到美军陆基飞机的高空轰炸,飞机无法降落到"飞龙"号,于是金泽想降落到近距离的"苍龙"号时在海面紧急迫降,被驱逐舰救起。之后,金泽在驱逐舰内疗伤,后听到"赤城"号被炸毁的消息,并亲眼目睹了自己的乘舰"飞龙"号被击中的情景,从电信室里的情况来看,他已经意识到了此次海战的败局。[3]

"赤城"号航母的舰桥

海战之日的清晨,在中途岛攻击队出发之前,机动部队指挥官南云忠一中将在"赤城"号旗舰上,用发光信号器向各舰艇发出信号,按计划实施作战。之所以没有使用无线电,是因为联合舰队司令部严令"无线静默"。信号员海军二等飞行兵曹桥本广(1918年生,高等科信号术练习生毕业)在"赤城"号舰桥接到发光信号原文时,感到一丝不自然。因为上面写道:"敌未察觉我方的意图","无法推断,以敌航母为主干的精锐在附近海面有大举行动"。[4]而"赤城"号在前一天日落时分,从"利根"号巡洋舰收到"发现敌机约10架"的通报,并紧急发动了3架"零战"（未追上敌机），敌曾有意接近显而易见。随着时间推移，桥本越加对"无法推断，以敌航母……大举行动"这一部分感到不安，并开始思考，机动部队司令部是否有了先入之见，认为美军航母不可能马上出动。

中途岛攻击队出动后不到1个小时的2:20，"赤城"号拉响了对空战斗的警报，桥本这些信号员也紧攥着12厘米望远镜，确认了敌机为一架联合双发水上飞艇。自印度洋空袭以来，日军对此飞艇习以为常，他们认为零战此次也能轻易地将其击落。但此次，敌飞艇利用云层巧妙地躲过零战的攻击，用明文电码传达了日本机动部队的全貌（日方也进行了监听），之后轻而易举地逃走了。桥本目击了这一场景，感到"这次情况有所不同"，这次的战斗中美军也是精心挑选了相当熟练的驾驶员。[5]不久后，机动部队便遭到从中途岛起飞的美军B-17四发轰炸机、B-26双发轰炸机，以及单发鱼雷机等间断性的攻击，日军通过转舵躲避了上空的轰炸，较为迟钝的鱼雷机也均被上空警备的零战击落。

凌晨4:00，中途岛第一波攻击队指挥官、友永大尉的座机向南云司令长官发出电报："有必要发动第二波攻击。"在"赤城"号、"加贺"号待命的舰载攻击部队（各18架）为应对美军航母的出现，已搭载了800千克的鱼雷，但被命令马上换装成800千克用于轰炸地面的炸弹。然而，延迟出发进行侦察的"利根"四号机在4:18报告，"发现疑似敌机10架"，5:20又一次报告，"敌军后方似有航母同行"。5:30，机动部队司令部终于意识到美军航母的出现，又再次命令舰载攻击机部队换装，将炸弹换成鱼雷。

换装并非简单的操作。要将舰载攻击机机身下部的大型炸弹用发射器换为鱼雷用发射器，"在昏暗的仓库中，弯着腰安装发射器，取下螺丝钉再拧上，这是会让急性子暴跳如雷的活儿"。[6]此外，在发射器上安装鱼雷也是需要力气和神经紧绷的操作。通常情况下，将发射器取下并安装指定投下物需要花费3小时。经验丰富的飞行人员和兵器人员会估计:"这次是鱼雷攻击吧",然后抢先开始作业。[7]而这次因为先是命令换装炸弹,后又再一次换装成鱼雷,就更为耗时。炸药库里也无处放置拆下的炸弹,就放在飞行甲板下一层的储存库里。通过飞行人员和兵器人员惊人的努力,7:20左右完成了所有的换装作业。此后不久,"赤城"号、"加贺"号、"苍龙"号遭到美国机动部队的俯冲轰炸机攻击,引爆了储存库里残留的炸弹,船体遭到致命破坏。

顺便搭乘人员的海战

为了报道航母"赤城"号的"丰硕战果",日本新闻映画社的摄影师牧岛贞一(1905年生)当时也在航母上。牧岛用便携式16毫米摄影机Eyemo拍摄下了美军陆基飞机的散射攻击与零战的迎击场景。信号员桥本广(前出)问道:"今天拍到好的照片了吗?"牧岛兴奋地回答:"托您的福,今天大有收获。"[8]但"利根"四号机传来的"发现疑似敌机10架"的报告在舰内扬声器中传出的时候,气氛陡变。在美军战机断断续续的袭击中,牧岛前往舰桥,飞行长增田中佐非常焦急,"这样下去肯定不行,这不只是在防守吗?"[9]航母的上空是正在警戒的战斗机、从中途岛攻击归来等待着舰的日军战机,以及袭击机动部队的美军战机混在一起,尤其是单发机难以辨认,所以日方的对空炮火有击落已方飞机的危险。事实上,牧岛也听到了中途岛攻击后回到"赤城"号的舰载轰炸机中的战斗机编队队长的怒吼声:"蠢货!连敌我都分不清的枪炮长,都给我走人。"[10]

飞行甲板上,起飞与降落的战斗机乱成一团。在此次海战中,尽管因战斗机不足而备受困扰,但也有零战飞行员有飞机却不能起飞,因此而切齿扼腕。隶属于第六航空队的海军一等飞行兵岛川正明(1921年生,操纵练习生53期),便是其中一人。岛川在开战之时是台南空的一员,参加了菲律宾空袭,之后转战至爪哇方面,也曾效力于"击落王"坂井三郎(前出)的列机,年纪轻轻却是拥有丰富战斗经验的飞行员。如若成功占领中途岛,岛川等人的六空是计划中最早进入该岛的部队，飞机与飞行员都在各艘航母上。因为他们并非正规的航母舰载机的飞行员，所以没有被列入战斗部署。虽然拥有自己搭乘的战斗机，但不能参战。岛川在"加贺"号舰桥下方飞行员待命处，等待出动命令的下达，他观察外部情况，目睹了美军无畏式俯冲轰炸机从机动部队上空的云层出现，到炸弹命中"加贺"号部分舰身的始末。[11]

顺便搭乘"加贺"号的岛川等六空的人员，被直击炸弹的冲击波从待机处推了出去，落在了20米开外的海面。岛川跌入海面时，由于冲击胸部受到撞击，不能动弹。航母周围的海面，到处是爆炸后飞出去的尸体和伤员。岛川的眼前呈现出一幕幕场景：有的士兵被美军战机的机枪击中，边喊着"妈妈"边沉入了海底；有的士兵脸上被烧得漆黑，很多处肉翻卷出来，伸手求助道"拉我一把"，但岛川什么也做不了。[12]岛川等人在海上漂流了四五个小时，被短艇救起，收容在"萩风"号驱逐舰上。[13]接近黄昏，岛川等当中能站起来的人，走到甲板上寻找幸存者，发现了在右舷求救着奋力游来的士兵。军舰随即停了下来，从甲板上抛下绳索，士兵被拉了上来。甲板上众多官兵因救起了一名士兵而高兴地拍手。但这名被救上来的士兵大概是使出了最后的力气到达了驱逐舰上，就这样趴在甲板上死去了。[14]中途岛海战让日本海军损失了4艘航母、1艘重巡洋舰、289架军机，以及包括110名熟练飞行员在内的3057人，日军大败。[1]

如堕云雾——阿留申群岛战役

与中途岛作战同时实施的佯动作战为阿留申群岛战役。此战中日本海军派遣了以"龙骧"号航母（九七舰载攻击机18架、零战18架）、"隼鹰"号（九九舰载轰炸机18架）为主力的第二机动部队。日军的目的是将美军的注意点转移到北方，从而趁机突击中途岛。乍看之下这

---

[1] 在周成编著的《世界通史》中记载："整个中途岛战役中，日军损失大型航空母舰4艘，重巡洋舰1艘，飞机400余架，伤亡3500余人，其中包括数百名训练有素的飞行员，而美方只损失航空母舰1艘、巡洋舰1艘，飞机147架，兵员307人。"来源：周成，《世界通史》，昆明：云南人民出版社，2011年，第415页。——编者注

一作战策略似乎是巧妙的，但将联合舰队的航母部队分成南、北两支部队，实则是"战斗力分散"，违反了战略原则。

这次作战的目标为空袭美方军事据点荷兰港，以及占领阿图岛、基斯卡岛。日军原计划在进攻中途岛的前一天，即6月4日开始空袭荷兰港。但在3日，日本舰队与美军3架飞行艇接触，零战旋即击落其中1架，在北方也是日方率先被发现。另外，日方甚至连荷兰港有什么样的设施都没有掌握。"隼鹰"号舰载轰炸机编队队长，海军大尉阿部善次（1916年生，海兵64期）记录道，没有准备任何必要的兵要地志，荷兰港"周围有没有机场，有什么重要设施，是否有军舰停泊。没有任何确切的信息"[15]。不去就什么都不知道，这对于参加过偷袭珍珠港、空袭澳大利亚北部，参加过印度洋空袭而经验丰富的阿部来说，也是头一遭。作为舰载轰炸机编队队长的阿部更为担心的是，"隼鹰"号舰载轰炸机编队于5月刚刚组建，其人员一半是首次在航母执勤的年轻人，阿部对他们的熟练程度很是不安。[16]此外，第二机动部队的第四航空战队司令官角田觉治少将是一名莽撞冒失的指挥，典型的"铁炮专家"（炮术专业），他甚至分不清舰载攻击机和舰载轰炸机的区别，在空战方面是个纯粹的外行。[17]

6月4日，"龙骧"号制空编队、舰载攻击机编队以及"隼鹰"号舰载轰炸机编队按计划空袭荷兰港，但由于云层的遮挡，轰炸机不得不返航。5日清晨，空袭部队又一次出击，又因天气不佳而舰载轰炸机编队中止了攻击。舰载攻击机的水平轰炸，也可以从云层上空进行预测性轰炸，但舰载轰炸机的俯冲轰炸需要穿过云层接近目标，所以低处若有云层就无法攻击。角田司令官大怒，命令舰载轰炸机编队再次出击。舰载轰炸机编队队长阿部从前一次出击的15架中，选出11架技术较高的舰载轰炸机（其中1架因引擎故障而返回），在仅仅5架零战的护卫下出击。[18]

舰载轰炸机编队在第三次攻击中，终于确认了荷兰港，并轰炸了地面设施。但因云层低垂，编队在轰炸后便分散。舰载轰炸机编队第二中队的驾驶员、海军二等飞行兵曹山川新作（1920年生，操纵术练习生48期）与另外一架到了预定集合地点，但不见舰载轰炸机以及战斗机身影。因为完成了任务，就放下心来与侦察员一同吃起了饭团。然而此时突然遭到7架美军寇蒂斯P-40战斗机的袭击。[19]山川他们拥有2挺7.7毫米机枪，侦察员座位旁边有1挺7.7毫米回转式机枪，但在空战性能方面处于弱势的九九舰载轰炸机被大量的战斗机围攻，形势已经非常绝望。山川为了躲避枪击，从P-40的后上方贴着海面飞行，在快要碰到追击而来的战斗机轴线的瞬间，通过侧滑机身勉强躲开了射击。就在觉得无救绝望的瞬间，2架零战从美军战斗机后方依次击落了对方的7架，好不容易摆脱了危机。[20]这一天，"隼鹰"号舰载轰炸机编队遭到美军的空中攻击，10架中损失了4架。日方因为情报不足而不知道美军此时正准备在荷兰港附近修建机场。

瓜岛空海战

围绕瓜岛的空海战——第一次所罗门海战

1942年8月7日4:00，美军陆战第一师登陆所罗门群岛瓜达尔卡纳尔岛及图拉吉岛。日方对此突发事态的回应也相当迅速。4月起派遣到新不列颠岛拉包尔的台南空零战飞行员坂井三郎（前出），在7日早晨准备出发空袭东部新不列颠岛的拉比。就在他出发的前一刻，突然接到飞行队队长中岛正少佐的通知，任务变更为掩护攻击瓜岛的中攻队。"瓜达尔卡纳尔"这个名字本身就是第一次听说，从拉包尔到瓜岛有560海里（约1040千米）的距离，不光是坂井，这应该是全世界的战斗机飞行员几乎没有经历过的远距离攻击。坂井"不由得屏住了呼吸"，感觉"大事不好"。[21]

与此同时，不光是航空部队，水上部队也转为反击。7日，停泊在拉包尔的第八舰队拥有作为旗舰的"鸟海"号重型巡洋舰，第六战队的"青叶"号、"古鹰"号、"衣笠"号、"加古"号等5艘重型巡洋舰，"天龙"号、"夕张"号2艘轻型巡洋舰，"夕凪"号驱逐舰，合计8艘军舰，向瓜岛海域出击，进攻美澳舰队。次日，即8日白天，第八舰队与澳军侦察机（陆基飞机）和美军潜艇接触。由"青叶"号派出的水上侦察机，也在瓜岛周边发现了美澳舰艇的动静。14:30，第八舰队司令长官三川军一中将在旗舰下令各舰今夜实施夜袭，日落前再次用手旗信号（无线静默）传达了长官训示："期待帝国海军传统的夜袭必胜，向前冲！"[22]

21:00，第八舰队用弹射器弹射了3架水上侦察机。侦察机不光探查敌情，还担负着重要任务，即在舰队冲进敌停泊地时，在敌舰背后投下带有降落伞的照明弹，使得敌舰的轮廓得以显现。"加古"号重巡的舰长、海军大佐高桥雄次（1896年生，海兵44期）将枪炮长和鱼雷长叫到舰桥，与他们商量了进攻要领。此时，高桥传达了今天的夜袭以鱼雷攻击开始，炮击之时不得照射（用探照灯照射目标）。枪炮长表示，没有这样的无照射射击经验。高桥指导说："无照射射击之时，看不到中弹的水柱就必然是远弹。这时候就要果断下调下一枚炮弹的标尺。"[23]枪炮长在射击指挥所指挥着主炮射击，舰长突如其来的命令是枪炮长从未使用过的方法，乍一看让人觉得十分鲁莽，但在实战中却得到了使用，这也体现了当时舰队官兵丰富的经验，以及"铁炮专家"对夜战的自信。

23:31，第八舰队用一字长蛇队突入瓜岛洋面，朝图拉吉洋面，用鱼雷和炮击顷刻间击沉了美澳舰队的4艘重巡，并使1艘重巡和2艘驱逐舰全毁。第一次所罗门海战中，美澳方的战死者达1270人。虽然美澳军舰都装备有雷达，但日本水兵一直服用鱼肝油来锻炼夜视力，日本海军依靠肉眼的夜战技术凌驾于盟军的科学力量之上。这次海战日方在战术上获胜，但第八舰队完全没有攻击瓜岛附近的运输船队，所以未能达成阻止美军占领瓜岛的战略目的。这次行动是以打击水上舰艇、确保制海权为前提，而制海权取决于制空权，这一点日本嗣后才深刻体会到。另外第一次所罗门海战的结果是，返航途中的第八舰队在即将抵达拉包尔前解除了对潜警戒，遭到美国潜艇的袭击，高桥舰长的"加古"号被击沉，这一结果尽管常常不被纳入海战结果，但却是一大过失。

瓜岛空战

8月7日7:55，坂井三郎（前出）等人的18架零战驶离拉包尔，护卫27架中攻向瓜岛进击。经过3小时左右的飞行，坂井到达瓜岛北岸上空，当看到海面情况之时，不由得"啊"的一声喊了出来。海上布满船队，船队和海岸之间，有无数的登陆舟艇像蚂蚁般来来回回。那一瞬间，坂井的直觉感到"战争会输"。[24]"战争的对象现在已经不是飞机，而是美国的物力，这种感觉直击心头"[25]，这样想着的下一刻，格鲁曼F-4F战斗机像从阳光中散落下来似的俯冲过来。可以看出，虽然靠零战排除敌机的干扰，中攻队成功轰炸了停泊地，但似乎没有对敌方造成巨大的破坏。在此后的空战中，坂井艰难地击落了一架格鲁曼。之后，又发现了前方10000米处，有8架美军战斗机组成编队飞来，若从后上方接近，可以一齐击落4架。但当敌机接近到60米左右，坂井握住机枪扳机之时，他才发现美军战斗机后部座位有二连装回转式机枪，是复仇者舰载轰炸机的编队。[26]大概是疲劳导致了注意力下降，坂井等被8架回转式机枪打得狼狈不堪，头部受重伤，在即将坠落、意识朦胧之中，坂井摸索着似乎有印象的岛和珊瑚礁的线路，一人飞行了1000千米到达了拉包尔，勉强生还。此后，坂井开始了长时间双重生活，一边疗养和康复，一边当试飞员。虽然在1944年4月复归到实战部队，但"击落王"坂井三郎的瓜岛空战也就在那一天结束了。

围绕争夺瓜岛的空战在之后依然持续了几天。日军飞行员最大的敌人不只是美军战机，还有到达瓜岛的1000千米距离、误入后机身会失控的积雨云，以及疟疾等传染病。身在拉包尔的战斗机人员不仅要应对连日的瓜岛空袭，还要迎击从新几内亚东部莫尔兹比港方向飞来的美军拉包尔空袭部队,他们很快就陷入了疲劳困惫的状态。

因瓜岛攻防战的爆发,海军当局决定紧急派遣在木更津重建的第六航空队[在中途岛失去了飞机的岛川正明(前出)等的部队]到所罗门方向。战斗机编队队长、海军少佐小福田租(1909年生,海兵59期)率领2个零战中队,共计18架飞机,作为先遣队从木更津出发,一周后到达拉包尔。这次出发的小福田以及20名零战预备飞行员,最终生还的只有3人。(27)

小福田到达拉包尔稍事休息后,便连日朝瓜岛以及莫尔兹比方向出动。他说:"早上8点左右,率领战斗机编队驶离拉包尔,到达瓜岛后便开战,下午1点或2点左右回到了拉包尔。那时候,因为疲劳,反而没有了食欲,连续几日无眠。哪怕是激战也行,要是在近一点的地方就好了,有时候甚至觉得零战的长续航力十分可恨。"(28)连日里高度紧张的空战,侵蚀的不光是官兵的肉体,还有他们的精神。小福田在10月底,一次空袭瓜岛后的返航过程中,看到部下的零战击落了低空飞行的美军俯冲式轰炸机,另外3架零战又固执地对落水的美军飞行员进行枪击,虽然心里想着"没必要做到那个份上",但也没有办法阻拦。(29)连日失去战友,飞行员的报复心被激起,精神大概也颓废了。

围绕瓜岛的空海战——南太平洋海战

围绕瓜岛的战斗,对日美双方来说都是为了保障到瓜岛的补给线,也就是争夺周围的制海权,其根本就是制空权的归属问题。具体来说,也就是怎样击溃对方的航空基地以及航母,阻止增援部队的登陆。因此,双方都依次派遣航母、水上舰艇,以及基地航空部队参加战斗。在第二次所罗门海战(8月24日)中,日本损失了"龙骧"号航母,但9月15日伊号第十九潜艇击沉了美军的"瓦斯普"号航母。第一次所罗门海战(8月8日)日本舰队在夜战中大胜,而同样是夜战,萨沃岛海战(10月11日—12日)与第三次所罗门海战(11月12日—14日)中面对美军舰队利用雷达指引的射击,日本舰队败北。围绕瓜岛的攻防战中,日本海军传统的肉眼夜战技术已无法对抗美方的科技。10月26日，在瓜岛进行了机场争夺战，日美机动部队发起了南太平洋海战。日本投入了南云机动部队（一航战）的"翔鹤"号、"瑞鹤"号、"瑞凤"号以及角田部队（二航战）的"隼鹰"号，共计4艘航母；美国则派出了"企业"号和"大黄蜂"号这两艘航母。

在荷兰港九死一生的"隼鹰"号的舰载轰炸机编队飞行员——山川新作（前出）于7:00，作为"隼鹰"号第一波攻击队（九九舰载轰炸机17架、零战12架）的一员出击。在进攻目标之时，他们发现"翔鹤"号航母遭到美军俯冲式轰炸机的攻击，于是战斗机飞往那里，舰载轰炸机编队顿时失去了护卫。[30]9:15山川到达目标空域，但由于低空仍然乌云密布，无法确认航母，山川机实施了一次俯冲，再度拉升寻找目标，穿过云层急速下降到高度450米时，向正好在下方的战舰投下了一枚250千克炸弹，侦察员确认炸弹击中了前部炮塔。[31]美机动部队进行了猛烈的对空炮击，山川都勉强躲过。当他飞到集合地点时，并未发现先行返航的军机。然而，其他舰载轰炸机其实不是已先行返回，而是遭到埋伏在集合地点的格鲁曼的袭击而溃散，除了山川的轰炸机以外的16架舰载轰炸机中，包括2架中队长座机在内的9架均被击落。[32]11:40，山川好不容易单机回到了"隼鹰"号，然而等待他的是又一次的出击命令。[33]

在中途岛海战中负伤的舰载攻击机电信员金泽秀利（前出）成功回到"隼鹰"号。11:00，金泽作为"隼鹰"号第二波攻击队（全部挂载鱼雷的九七舰载攻击机7架以及零战8架）的一员出击。指挥官只是强调"攻击目标为航母"。[34]飞行过程中，经历过珍珠港、中途岛之战的金泽为了缓解首战驾驶员、侦察员的紧张情绪，便安慰道："等我们到达预定地点时，格鲁曼大概一架都不剩了。即使有，子弹也应该都用完了，放心吧！"[35]他们发现目标（"大黄蜂"号航母）后，舰载攻击机编队分为小队，然后各机横向散开，贴着海面猛进。航母及附近的舰艇对空炮火猛烈，金泽判断进击角度不对，大喊"重新来！右回旋、右回旋"。飞行员按照金泽所说，在目标航母前大回旋，侦察员重新投下了鱼雷。在通过航母烟囱后方时，金泽用回转式机枪对着舰桥胡乱扫射，并确认了投下的鱼雷已经命中。[36]金泽的飞机偶然被对空炮火击中，未遇到敌战斗机，于15:10安全返回"隼鹰"号，2架舰载攻击机以及5架零战（其中3架紧急迫降）未归。[37]日军击沉了美军"大黄蜂"号航母，在南太平洋海战中貌似取得了胜利，但同时也失去了很多训练有素的机组人员，这给之后的作战留下了巨大的隐患。

艰难的补给战

日军为夺回瓜岛，从8月到11月，陆续投入了一木支队、川口支队、第二师团、第三十八师团等兵力，在未掌握制空权、制海权的情况下，兵力、弹药的运输困难至极。日军最终累计向瓜岛投入了36000人，在粮食、资材几乎无法进行现地征用的岛上投入大量兵力，使他们迅速陷入了饥饿状态。

10月12日，第四水雷战队的"五月雨"号驱逐舰从拉包尔启航。因为要让第二师团约12000人登上瓜岛，"五月雨"号等7艘驱逐舰开始了护卫"南海丸"等6艘万吨级运输船的作战。担任"五月雨"号发射干部兼传令兵的海军上等水兵须藤幸助（1918年生，1939年征召）被告知，在登陆那天，6架战斗机会来到船队上空护航，若燃料耗尽就实行海上紧急迫降，那时则该舰负责救助。[38]"五月雨"号在14日白天遭到美战斗机的激烈扫射，战死5人，轻重伤员21人。15日凌晨3点多，发布了"战斗准备""炮战、鱼雷战准备"的号令，运输船的卸货作业开始。但在天亮后遭到美军B-17轰炸机的空袭，3艘运输船被炸起火。[39]驱逐舰的高射炮无法够到高空的B-17轰炸机，零战也追赶不上，无法防御。瓜岛上没有港湾设施，日军没有大发动艇（大发）以上的卸货舟艇，只能花时间少量多次地进行卸货作业。这一天，须藤在日记中记录："（作为病房的）舰长室里传来海冈（须藤的战友，昨天负伤，这一天死亡）要水的呼叫声，升降口附近，从下方传来的血腥味十分刺鼻。"[40]

因为用运输船向瓜岛运输的损失过大，运输的主要工具就变为由驱逐舰进行夜间运输的"老鼠特快"[1]。11月2日，为了向瓜岛输送陆军增援部队以及物资和粮食，日军集中了"天龙"号轻巡以及第四水雷战队的"雷"号驱逐舰等15艘。3日夜间，"雷"号到达瓜岛洋面3海里处，射击指挥所的枪炮员、海军二等兵曹桥本卫（1919年生，海军炮术学校毕业）作为汽艇（驱逐舰上搭载的发动机小艇）艇长，拖着一艘短艇，负责人员和物资的卸载。这时，1艘"雷"号运送的人员为30名，炮弹、粮食（大米）约40吨（这些物资用2艘汽艇以及2艘短艇运输到海岸）。桥本在黑暗中向神佛祈祷（因为看不清方向），朝着大概是海岸的方向驶出40分钟，等到了大概是海岸附近的地方定睛一看，发现了陆地上有手电筒光画着圆，像萤火虫般忽明忽暗。[41]登陆地点处，海军的艇员与陆军士兵们卸下货物，桥本正准备返回"雷"号时，岸上传来声音："某某参谋要返回，等一下。"1名陆军军官以及10名伤员登上了船，士兵们用军官听不到的低声细语喃喃说道："真好啊，获救了啊。"[42]

物资运输还使用过潜艇。伊号第十七潜艇在肖特兰基地装载了800袋大米、9吨压缩饼干等，11月22日夜，向瓜岛的科明博起航。潜艇的船员同驱逐舰的一样，厌恶这趟运输任务，但还是尽可能地聚集了自己能运送的东西，舰内的黑板上也写着几个大字"给关岛的陆军送去香烟吧"，吸烟室里放着木箱，里面堆积了香烟和罐头等。[43]海军士兵也为瓜岛上陆军士兵的困境而感到痛心，想着为他们做一些事情。

饥饿地狱般的战场

上等水兵须藤幸助（前出）搭乘的"五月雨"号驱逐舰，护送"南海丸"前往瓜岛。船舶工兵第三联队材料厂的陆军一等兵牛尾节夫（1911年生，1940年征召）就在"南海丸"上。牛尾在征兵检查中列为第二补充兵，他本以为不会再有兵役，却在29岁时被征召。本以为4个月就

---

[1] 日本在和美国的海战中损失惨重，海军司令部决定不再派遣大型战舰，而是派出了相对比较灵活的驱逐舰来运输物资，俗称"老鼠特快"。——译者注

会解除征召，但事与愿违，与英美的战争爆发，他转战于菲律宾、西贡、新加坡、泗水、拉包尔等地，还遭到比他小10岁的现役兵阴险的算计。在同庚战友的安慰下，一边盼着早日解除征召，一边又忍耐着军营生活。然而征召过去了2年2个月，31岁的他作为船舶工兵，又被送到瓜岛塔萨法隆格停泊地，从事卸货作业。

10月15日天还未明时，他们成功登上了瓜岛，但在太阳升起后遭到了美军时不时的空袭，牛尾所在部队的部队长小笠原中佐和直属指挥官中田中尉，因B-17的轰炸而战死。[44]牛尾把帮忙卸货的一群穿着寒碜的人当成当地居民，但实际上他们是瓜岛机场筹建队的幸存者。从他们口中得知，有超过1000人的日本士兵曝尸荒野，牛尾为自己到了一个修罗场而震惊不已。[45]但他坚信，今天乘坐6艘运输船到达的精锐部队（第二师团）开始总攻的话，应该能将美军从瓜岛赶出去。

然而，第二师团的总攻以失败而告终，战斗陷入了胶着状态（美军优先确保机场安全强化其防卫力量，对地面战斗则采取了谨慎的防御战术）。原以为可以很快返回拉包尔的牛尾等人，其不安感也更加强烈。他们在白天一直被美军的侦察机监视，地面若是有日军的活动或是生火被侦察机观测到，就会遭到舰炮的炮击或地面炮击，或是海上鱼雷艇的猛烈的枪击。如此一来日本士兵不仅无法用饭盒煮饭，甚至不能随意抽烟，他们生活得很压抑。

登陆后的1个月，大部分船舶工兵返回，牛尾因成为留守部队的一员而沮丧不已。这时候饥荒已经开始侵袭部队。军队分配的粮食很少，呼吁士兵就地生存。因为没有充当主食的东西，日本官兵勉强用椰子的芽和果实中的水来续命，多数官兵因为营养失调而患上了传染病。牛尾也患上了阿米巴痢疾和疟疾，差点失去性命。野战医院不知什么时候已经关闭，分配给士兵的药物只有预防疟疾的金鸡纳和正露丸。

到了12月，饿殍和倒毙路旁的尸体更多了。驱逐舰的"老鼠特快"在月明之时无法起航，伤病员的护送也开始中断。瓜岛西端的埃斯佩兰斯角与科明博是"老鼠特快"和潜艇运输的卸货地，伤病员只能自行退到这些地点，但在到达之前很多士兵就已倒地不起。没有谁能运走无法行走的伤病员，只能就地丢弃。看到路旁死去的士兵，如果放任不管的话会尸臭难耐，牛尾等人想将其埋葬，但他们甚至都没有搬运尸体的力气，几个人花了几十分钟将尸体搬到了数十米开外。稍微精神一点儿的人要是勉强自己多干一些活，或是淋了雨，当夜就肯定会发烧，发烧若持续几日那些人便会死去。牛尾亲眼看到，即使是在这种情况之下，还有军官强令这些不能自由行动的值班士兵煮饭。[46] 另外，驱逐舰和潜艇冒着决死的心态运来大量装有食物的铁桶、橡胶袋，饥饿的日本士兵却只能眼睁睁地看着食物被美军战斗机和鱼雷艇的机枪扫射后，沉入海底，这样的场景反复出现。

新几内亚战役

莫尔兹比港的灯火

中途岛海战结束之后的1942年6月10日，当时独立工兵第十五联队陆军军医中尉柳泽弘（1919年生，岩手医学专门学校毕业）正滞留马尼拉，从俱乐部的菲律宾女招待口中听到太平洋上的日本海军被美国海军打败的说法。[47] 柳泽所属的独工十五联队是在马来半岛进击期间取得赫赫战果的精锐部队，尤其是他们迅速地修建桥梁、道路，广受好评。在马来半岛的斯利姆，与岛田坦克部队同行的军医便是柳泽。此时，独工十五联队计划在中途岛海战之后，参加切断美澳的FS作战（斐济—萨摩亚攻略作战），正在达沃待命。而中途岛的败北大大改变了柳泽等人的命运。

独工十五联队在7月2日乘坐"绫户山丸"驶离达沃，出发前往拉包尔。航行途中，该联队接到第十七军（由百武晴吉中将指挥）的命令，转隶到从FS作战而来的南海支队（堀井富太郎少将）中，攻占新几内亚东部的美澳据点莫尔兹比港。由横山与助大佐指挥的该联队，作为南海支队的先遣队，在新几内亚东部北岸的基卢瓦岛附近登陆。支队主力奉命研究是否能够穿越欧文斯坦利岭，进击南岸的莫尔兹比港。然而，不要说从基卢瓦到莫尔兹比的地形图了，就连比较确切的信息都没有。发给柳泽等军官的仅仅是一张钢板印刷的略图，上面画着从基卢瓦到莫尔兹比的一条路线，写着若干个地名。图上显示距离莫尔兹比220千米，但实际距离则是360千米，海拔标高2000米。联队长解释道："若不登上目的地，则全然没有头绪。"[48]面对开始动摇，感觉"被当作实验品"的军官们，联队长强调："不管是何原委，本次作战是军令。"

7月21日，柳泽军医中尉成为南海支队先遣队（约3000人）的一员，登上了基卢瓦西侧的巴萨布亚。有情报显示，有一条机动车道可以通往斯坦利岭的山脚，但他们马上就知道了这是一份错误的情报。[49]先遣队一边构筑、修补道路，一边前行。8月15日，他们占领了澳军阵地。先遣队队长横山向位于拉包尔的第十七军司令部发去电报，称"占领斯坦利岭山顶一隅"。司令部判断取陆路攻占莫尔兹比可行，便命令南海支队主力（约11000人）开始登陆作战。然而实际上，横山先遣队只不过走完了到达莫尔兹比五分之二左右的路程，稍稍进入山脉的地方。8月18日登上了巴萨布亚的南海支队主力，利用横山先遣队构筑的道路、桥梁疾进，25日便追上了先遣队，9月5日到达了斯坦利岭山口处。但此时的先遣队陆续出现了因营养失调、感染疟疾及阿米巴痢疾等原因无法行动的官兵。堀井支队长命令柳泽开设"保健预备队"，收容伤员。[50]但他们几乎没有食物及医疗用品，唯一让柳泽和伤员感到尚存一线生机的是，美澳联军为潜藏在附近的本国士兵，用降落伞空投的食物包。"保健预备队"很快就达到了数百人规模，他们勉强靠抢夺敌方粮食来续命。[51]

在缺乏弹药、粮食期间，南海支队将占领莫尔兹比，把确保粮食供给作为唯一的作战目标。9月16日，南海支队最终占领了斯坦利岭美澳联军的最后一处抵抗阵地——约里拜瓦。虽然距离莫尔兹比还有两三天的路程，但听说先头部队在夜间已能远远望见莫尔兹比的灯火。

布纳地区的"玉碎"

莫尔兹比是盟军以澳大利亚为立足点，对日军进行反击的重要据点，该地设置了新几内亚—所罗门群岛方向的最大航空基地群。日军以拉包尔为据点，美军阻止日军进一步进击的第一道防线为新几内亚东部的莫尔兹比，第二道防线则是所罗门群岛的瓜岛。日军最初想取海路攻占莫尔兹比，但因珊瑚岛海战（1942年5月）的爆发而放弃。中途岛作战失败后，FS作战也被迫中断，原本预定投入战斗的陆军部队（一木支队、川口支队、南海支队、青叶支队等）便多了出来。大本营陆军部将这些兵力投放到新几内亚东部，策划了取陆路攻占莫尔兹比的方案，派出了南海支队。但南海支队在到达莫尔兹比之前，美军开始了瓜岛登陆。美军若是牢牢占据瓜岛，拉包尔便受到莫尔兹比和瓜岛两个方位的空中威胁。因惧怕上述情况的发生，大本营受制于海军，将作战重点从莫尔兹比转到了瓜岛。因此，原本应该增援到新几内亚作战的川口支队、青叶支队、第二师团以及第三十八师团陆续被投放到了瓜岛。陆海军将全力倾注到瓜岛，在战斗力不断损耗的情况下，在瓜岛攻防战开始前被送往新几内亚的南海支队已完全被弃置不顾。

瓜岛形势恶化，川口支队的总攻也以失败而告终。在之后的9月19日，负责新几内亚东部和所罗门群岛两个方面的拉包尔的第十七军，阻断了向莫尔兹比逼近的南海支队的进击，命令其后退到支队登陆地点布纳地区（巴萨布亚—基卢瓦—布纳），集中防卫。因为原本要投入到莫尔兹比共享的兵力被转用到了瓜岛（此后被进一步转用），军部判断莫尔兹比方面的进攻作战已不可行。

柳泽弘陆军军医中尉（前出）也从堀井支队长处接到命令，带领正在接受治疗的数百名伤员，从欧文·斯坦利岭下山，移动到登陆地点附近。[52]南海支队的士兵们体力已经耗尽，在病痛中煎熬，撤退过程十分艰难。进击过程中，他们还能设法从占领区内获得一些澳军的粮食，而撤退途中却什么都没有。柳泽烦恼的是如何让众多身体羸弱的士兵撤退。就在这时，11月11日，传来了美军大部队从布纳东部登陆的情报。[53]莫尔兹比方面，由于澳军开始反击，南海支队需要与之对抗，且若不迅速后退到登陆地点，美军就会占领海岸地区，南海支队将面临被围歼的危险。柳泽的"保健预备队"带领着难以步行的伤员，使得他们向基卢瓦的撤退几乎都处在南海支队的尾翼位置。在南海支队总撤退之际，急于后退的支队长堀井少将，欲用竹筏和皮艇渡河，到达海岸。但途中却翻了船，少将溺水而亡。11月下旬，南海支队残部约4000人抵达布纳地区，但休息没多久便遭到美澳联军的猛攻。12月8日，正好是开战1年之际，巴萨布亚守备队约800人全部被歼。之后，布纳守卫队约2800人也在1943年1月2日全体阵亡。[54]基卢瓦阵地里，寸步难行的伤病员陆续用枪或手榴弹自杀，柳泽等人从阵地撤离，趁着夜黑之际，穿过了美澳联军的包围圈，成功逃到巴萨布亚西边的日军最前线。与瓜岛不同的是，日本陆海军在这一带没有实行支援撤退的作战。

增援莱城—萨拉马瓦方面的失败

位于拉包尔的第十七军负责所罗门以及新几内亚东部两个方面，并面对美澳联军的大反击，但均陷入了苦战。于是大本营在1942年11月16日新设了第十八军（司令官为安达二十三中将），专司新几内亚方面。但由于日军将全力倾注于瓜岛，美澳联军大大增强了新几内亚东部的地面战斗力、航空战斗力以及机场筹建力量。1943年1月，美军在控制了布纳地区以后，在布纳周围迅速地修建了机场。瓜岛也同样。机场筹建能力和航空资材、人员补充能力方面的差距是日美胜败的关键点。

布纳地区失陷，大本营陆军部决定撤离瓜岛，并于1月4日，决定将新几内亚东部设为今后的重点。当前的焦点在于确保莱城—萨拉马瓦地区。为了增强第十八军，大本营于2月将第四十一师团从帕劳派到韦瓦克，3月将第二十师团派到韦瓦克东边的汉莎湾（博吉亚），第五十一师团则从拉包尔被派至最急需的莱城。此次的运输作战被称为"八十一号作战"。2月28日，为运送第五十一师团的主力（约7000人），由8艘运输船组成的船队从拉包尔起航，3月2日遭B-17轰炸机的空袭而失去1艘。3月3日，船队欲从新不列颠岛穿过所罗门海的丹皮尔海峡直奔莱城。为能整日在上空护卫船队，陆海军战机不间歇地被派来派去。从"瑞凤"号航母派遣至卡比恩海军基地的零战飞行员、海军上等飞行兵曹岩井勉（1919年生，预科练乙种6期），这一天被分配到上午的第二直（15架）。7:50左右，飞行员比预计时间提前发现了远处的船队。但此时，船队已遭到从布纳等地飞来的美军战机的第一波空袭。[55] 日方认识到，船队最大的威胁，是从高空投掷大量炸弹的B-17、B-24等大型轰炸机，所以岩井等人的护卫飞机零战也飞行到船队上空6000米的高度，正好与美军第二波来袭的11架B-17轰炸机相遇，双方爆发了空战。

这场空战十分激烈，岩井编队的列机飞行兵长牧正直与B-17轰炸机机身相撞，3架B-17被击落。[56]"瑞凤"号零战编队中，牧（姓）及其余一人战死。而且，高空中的岩井等护航战斗机编队并未注意到，此时7艘运输船正遭到从低空抵近的B-25轰炸机等激烈的反跳轰炸（利用炸弹在海面反弹的新型攻击方法）攻击。高空空战结束后，岩井确认海面时，发现眼前的7艘运输船以及几艘驱逐舰均腾起黑烟，已吹到了上空5000米处。岩井回忆，在他们到达船队上空之前船队已经严重受损，但从"瑞凤"号零战编队的到达时间推算，船队遭到低空攻击正是他们在高空与B-17轰炸机交锋之时。最后，前往莱城的第五十一师团运输作战，以8艘运输船以及4艘护卫驱逐舰被盟军的空袭击沉而告终，3600名陆军官兵尸沉大海。因此本次空战被称为"丹皮尔的悲剧"。

第五十一师团部分士兵被驱逐舰救起，到达莱城时的兵力只剩下1200人，且几乎失去了所有装备。另外，为增援莱城—萨拉马瓦地区的防卫而从韦瓦克方面登陆的第四十一师团和第二十师团等部队，深陷于险峻的山岳以及无边的密林而无法移动，莱城—萨拉马瓦方面的防卫陷入绝望境地。

所罗门消耗战

所罗门撤退作战

1943年2月从瓜岛撤退后，日本将所罗门群岛的新防卫线设在瓜岛西部的圣伊莎贝尔岛—新乔治亚岛，两个岛上部署了约8000人。日美两军的航空力量与海上力量在新乔治亚岛蒙达（瓜岛以西约250千米）附近发生了激烈的冲突。日本航空部队从拉包尔、布干维尔岛的布因出击，此时的美军在瓜岛已经建成了四座机场，配备了超过200架的飞机，不断消耗日方的兵力。为了打破不断恶化的现状，联合舰队在4月发动了"伊号作战"，将包括舰载机在内的这一带海军的所有航空力量420架飞机，集中到拉包尔方面，企图夺回所罗门群岛以及新几内亚东部这两个方面的制空权，但最终损失同样惨重。此外4月18日，联合舰队司令长官山本五十六乘坐的飞机在布干维尔岛上空被击落，这又给日军带来了重创。

6月30日，美军在所罗门与新几内亚同时发动攻势，此时日军官兵多数已消耗殆尽。被派去新不列颠岛科科波基地的少数陆军重型轰炸机编队中，飞行第十四战队的九七式重型轰炸机Ⅱ型的机长兼副驾驶员、陆军中尉久保义明（1920年生，航士54期）为了对已经登陆蒙达近邻的伦多瓦岛的美军部队实施轰炸，驾驶着18架飞机组成的编队中的1架飞机（第三中队第二编队长），于7月2日出击。久保罹患疟疾开始发烧，因金鸡纳的药性导致肠胃受伤而饱受腹泻之苦，但飞行期间无法去厕所，他便事先吞下液体的止泻药，排空腹中的食物，换好内衣，整理好身边物品后起飞。[57]久保的部队在这一天的攻击中完全没有遭到美军的反击，原本他们做好思想准备"再也回不来了"，但还是回到了科科波。7月4日，他们再次朝这一方向出击，实施轰炸。陆军17架一式战斗机直接掩护，还有海军的40架零战也作为制空队参与其中，这让久保他们感觉很可靠。但与前一次不同，此次他们遭到猛烈的对空炮火以及美军格鲁曼F-4F战斗机的反击，16架编队中回到科科波的只剩下8架。[58]重型轰炸机编队第十四战队是陆军的王牌部队，准备派往所罗门方面。但他们在这次的出击中直接失去了一半的飞机以及50多名飞行员。次日，他们又到了最前线的新几内亚东部的莱城机场，投入到空运第五十一师团补充人员的作战之中。

　　日军对美军的攻势无法招架，8月4日放弃了蒙达，撤回到科隆邦阿拉岛，美军迅速登上了该岛西侧的维拉拉维拉岛，所以日军在科隆邦阿拉岛以东的退路有可能被截断。于是日军在9月26日到10月2日的夜间，分两次实行了从中部所罗门群岛全面撤退的"塞号作战"。陆海军投入了98艘大发和第三水雷战队的12艘驱逐舰，用舟艇将军队从科隆邦阿拉岛运到舒瓦瑟尔岛，再令其转乘驱逐舰到拉包尔，撤离官兵合计12000人。[59]一年前在"五月雨"号驱逐舰参加了护送第二师团至瓜岛作战的须藤幸助上等水兵（前出），也参加了科隆邦阿拉岛撤退作战。"五月雨"号与其他驱逐舰要一同护卫在海上趁着夜色悄悄发动的大发群，使其免受美军驱逐舰的夜袭。他们时而充作诱饵，时而实施烟雾，反复进行。彻夜神经紧绷的须藤在脱离危险海域之后，便立刻解下"千人针"[1]，终于可以歇口气了。[60]

---

1 "千人针"是日本的一种护身符（一般是一条腰带），长约一米，由一千个女人每人缝制一针而成。千人针是日本女性在士兵临行献上的礼品，用来保佑士兵武运长久，在战场上能够获得幸运的垂青。这种习俗在二战期间的日本达到顶峰。——译者注

中攻的坟墓

海军的中攻（九六式陆上攻击机、一式陆上攻击机的总称）在马来海战中击沉2艘英国战舰，在新加坡和菲律宾的先发空袭中也大显身手，中攻与零战部队同是支撑日军进击的利器。战线扩大到所罗门、新几内亚方面，中攻发挥其长续航力优势，负责巡逻、侦察、接触，对舰船的鱼雷攻击、轰炸，对地面目标的轰炸，以及前线基地的人员、物资输送等，被当成万能机在各种作战、作业中任意使用。中攻在开战时的主力为"九六陆攻"，后逐渐转为以速度取胜的一式陆攻。但正如美军称其为"oneshot lighter"一样，中攻的防御力脆弱，屡屡被舰船及地上的对空炮火击落，而且遇到战斗机的攻击时，如果没有相当数量的护航战斗机，它们便很难平安返回。

1943年5月，海军第七〇二航空队一式陆攻的机长兼侦察员、海军上等飞行兵曹关根精次（1919年生，侦察练习生第39期）在拉包尔降落。这是关根第二次奉命去拉包尔，上次是1942年6月作为第四航空队队员到达拉包尔，参加了由坂井三郎（前出）零战编队最初护卫的发生在8月7日的瓜岛空袭战。争夺瓜岛的战斗十分激烈，48架四空的一式陆攻在1个月后骤减到5架，甚至有人说"四空是'死空'"。到了10月，因要重建部队，关根等幸存者返回日本。[61]由于中攻在瓜岛攻防战中损失惨重，关根在7个月后重回到拉包尔时，原先的基本攻击法，即27架编队的日间强袭（鱼雷攻击、轰炸）模式已不复存在，而是以黎明、傍晚、夜间的攻击为主，尤其对机场等地面设施的轰炸是由少数飞机在6000米以上的高空实施夜间攻击，这成为了定式。[62]当时（1943年5月左右），日本以拉包尔为中心，陆海配备了总计约300架的战机，而日本推测美澳联军在瓜岛周边有350架飞机，在新几内亚东部（莫尔兹比及布纳周边）有1000~1500架军机[63]，如此一来，日方便被压制，无法主动实施作战。关根等七〇二空的一式陆攻在白天待命，防备美军舰队的出现。若无出击，技术娴熟的人员就会被挑选去新几内亚—所罗门的敌方机场实施夜间轰炸。[64]由于美澳联军的雷达与夜间战斗机的配备愈加先进，中攻被迫在雷达圈内进行危险的低空飞行，但轰炸之前要避开探照灯和夜战，需要有迅速升到高空的飞行技术。

关根等人的七〇二空，在久保义明（前出）等陆军重型轰炸机编队遭受重创的7月，向伦多瓦岛进行日间攻击时，出击的27架（包括七〇五空的9架）遭到毁灭性的打击，仅返回了5架。[65]飞机的减少，迫使七〇二空的作战除了巡逻、侦察外，基本就是由1架或2架进行高空夜间轰炸。关根也参与了对布纳机场和瓜岛机场的轰炸。

关岛攻防战开始后，持续了一年半的所罗门—新几内亚的航空消耗战中，日本海军损失了7096架飞机以及7186名飞行员。其中战斗机3264架，飞行员1581人；中攻1087架，飞行员3115人。[66]飞行员中中攻占43.3%，拉包尔已然成为中攻等日本海军航空队飞行员的墓场。

虚报之始——布干维尔岛洋面空战

所罗门—新几内亚方面，飞机、人员得不到补充，日军航空部队在数量上的劣势明显。1943年下半年，飞行员的技术水平也开始显著下降。日军从所罗门中部撤退后，攻防战的焦点转移到了布干维尔岛，若失去此岛，拉包尔也必将陷入危机。七〇二空的关根精次上等飞行兵曹（前出）在拉包尔与其他中攻部队队员时刻准备出击。但到10月前后，除了一直以来的夜袭，美澳联军的日间空袭也愈加激烈，分散的飞机使空中避让习以为常。关根等人从美军飞行员俘虏那里听说，美澳联军人员的执勤为战斗两周、在澳大利亚休假两周，且他们会不断地投入新人。听到这里，关根等人说道："那样的话战争还很有意思。我们一旦进入了白木箱，就没法回到日本了。"[67]这并非玩笑，而是他们的切身感受，是战场的现实。

11月1日，关根晋升为飞行兵曹长，11日发布了出击命令（第三次布干维尔岛洋面空战）。熟悉夜间飞行的关根被委派的任务是作为接触队出击。所谓接触队，就是先于鱼雷攻击机编队接触敌舰队，将其位置、动静告知攻击队，并进行引导，在舰队上空投下照明弹，并留在战场直至最后,以确认战果。这一天对美军舰队的夜间攻击中,关根机引导6架鱼雷攻击机编队完成了任务,1枚鱼雷命中(看到爆炸的闪光),但似乎没有舰艇沉没,确认后他们顺利返航。[68]这一天,与七〇二空同时出击的七五一空因天气不佳而返回,实施鱼雷攻击的只有七〇二空。关根在深夜回到基地后,指挥所正为"大战果、大战果"而沸腾。[69]率先回到基地的鱼雷攻击机编队报告称,5枚鱼雷击中战舰、巡洋舰、驱逐舰。触接机[1]还有另外一架,但因美军战斗机的追击而未能确认战果。关根将其所见如实地报告给了七〇二空司令,但传达给联合舰队的却是鱼雷攻击机编队报告的内容。而且,这一天美军方面的记录中,并未有舰艇沉没、损伤的报告。[70]有关夜间战斗中的战果确认,就算是关根这样的熟练飞行员也极其困难。对于实施攻击的当事者来说,由于存在希望命中、希望取得战果的心理,容易让"肯定命中了"这样的判断变成夸大的战果,并予以报告。对其进行修正的则是触接机的职责,不在现场的指挥官(司令)在向上级司令部报告战果之时,若不加以采用,那汇总到远离现场(战场)的联合舰队司令部之处的就只剩下虚报。经验丰富的指挥官不在现场的情况较多,无法确认战果是空战的特征。

11月13日,关根这次作为鱼雷攻击机编队指挥官座机的侦察员出击(第四次布干维尔岛洋面空战)。关根在开战前虽然是中攻飞行员,但鱼雷攻击还是初次体验。这一天,七〇二空派出由6架鱼雷攻击机组成的编队及1架触接机进行出击,通过夜间攻击,被认为取得了炸沉1艘巡洋舰,击沉1艘巡洋舰和1艘驱逐舰,摧毁1艘战列舰和1艘航母的大战果。这其中,1艘战列舰被摧毁是关根飞机的战果。关根以及同乘的指挥官中村源三少佐确认的是,关根的飞机从近处穿过了美军战舰,甚至能观测到战舰细节,至于鱼雷是否命中,他们并未看到决定性的画面。而同乘的小队长丸山荣住少尉(主驾驶员)声称"(鱼雷)只要运行了就肯定会击中"[71],结果判定为了"命中"。另外,触接机未

---

1 触接机为日文词汇。——译者注

曾返回，据美军方面的记录，这一天，该方面的1艘轻巡因空中攻击而受损。[72]

注

（1）金沢秀利『空母雷撃隊——艦攻搭乗員の太平洋海空戦記』，光人社NF文庫，2009年/初出：今天的話題社，1971年，第187—188页。据金泽回忆，战斗机没有实施追击，是因为进行追击的话，战斗机回到基地的时间为夜间，飞行甲板就必须亮灯，如此一来，就会成为潜艇的极佳攻击目标（同前，第188页）。

（2）同前，第148页。

（3）同前，第227页。

（4）橋本廣『機動部隊の栄光——艦隊司令部信号員の太平洋海戦記』，光人社NF文庫，2005年/初出：光人社，2001年，第123页。

（5）同前，第132页。

（6）前述金沢『空母雷撃隊』，第102页。将发射器固定到机身时，一处的螺栓拧紧后，另一处会不合，用其他的螺栓则会拧不紧等，是一项需要细微调整和耐心的作业。

（7）同前，第103页。

（8）前述橋本『機動部隊の栄光』，第137页。

（9）牧島貞一『炎の海——報道カメラマン空母と共に』，光人社NF文庫，2001年/初出：光人社，1981年，第252页。

（10）同前，第248页。

（11）島川正明『島川正明空戦記録——大空のサムライ列機の手記』，光人社NF文庫，2011年/初出：光人社，1989年，第191—193页。岛川在战后听说在"赤城"，有六空搭顺风车的飞行员也参加了迎击战的相关证言（同前，第197页）。

（12）同前，第194—195页。

（13）同前，第202—203页。

（14）同前，第205—206页。

（15）阿部善郎『艦爆隊長の戦訓——勝ち抜くための条件』，光人社NF文庫，2003年/初出：光人社，1997年，第102页。另外，阿部善朗原名为阿部善次。

（16）同前，第94页。

（17）同前，第97页。

（18）同前，第111页。

（19）山川新作『空母艦爆隊——艦爆搭乗員死闘の記録』，光人社NF文庫，1994年/初出：今天の話題社，1985年，第137—138页。

（20）同前，第139页。

（21）坂井三郎『坂井三郎空戦記録（全）』，出版協同者，1953年，第226页。

（22）高橋雄次『鉄定海峡——重巡「加古」艦長回想記』，光人社NF文庫，1994年/初出：毎日新聞社，1967年，第130页。

（23）同前，第134—135页。

（24）前述坂井『坂井三郎空戦記録（全）』，第230页。

（25）同前，第231页。

（26）同前，第241页。

（27）小福田皓文『指揮官空戦記——ある零戦隊長のリポート』，光人社，1978年，第149页。另外，小福田皓文的原名为小福田租。第六航空队后改称为第二〇四航空队。

（28）同前，第157页。

（29）同前，第176页。

（30）前述山川『空母艦爆隊』，第174页。

（31）同前，第177页。

（32）同前，第181—183页所录"南太平洋海战（第一次）'隼鹰'攻击队战斗行动调查书"。

（33）13点35分，"隼鹰"的4架九九舰载轰炸机、6架零战再度出击，山川机向停止着的航空母舰（也许是"大黄蜂"号）投下了命中弹，并顺利返航。

（34）前述金沢『空母雷撃隊』，第283页。

（35）同前，第289页。

（36）同前，第295—296页。

（37）前述山川『空母艦爆隊』，第181—183页所录"南太平洋海战（第二次）'隼鹰'攻击队战斗行动调查书"。

（38）須藤幸助『駆逐艦「五月雨」出撃す——ソロモン海の火柱』，光人社NF文庫，2010年/初出：『進撃水雷戦隊』，鱒書房，1956年，第116页。

（39）同前，第122—123页。

（40）同前，第123页。

（41）橋本衛『特型駆逐艦「雷」海戦記――一ほ砲術員の見た戦場の実相』，光人社NF文庫，1999年/初出：『奇跡の海から――特型駆逐艦水平物語』，光人社，1984年，第248页。

（42）同前，第251页。

（43）原源次『伊一七潜奮戦記』，朝日ソノラマ文庫，1988年/初出：『われ米本土を砲撃せり』，鱒書房，1956年，第402、405、415页。

（44）牛尾節夫『ガダルカナル兵隊戦記――最下級兵士の見た戦場』，光人社NF文庫，1999年/初出：『神を見た兵隊――ガダルカナル兵隊戦記』，光人社，1982年，第81页。

（45）同前，第66页。

（46）同前，第284页。

（47）柳沢玄一郎『軍医戦記――生と死のニューギニア戦』，光人社NF文庫，2003年/初出：『あゝ南十字の星』，神戸新聞出版センター，1979年，第75页。另外，柳沢玄一郎原名柳沢弘。

（48）同前，第83页。有关南海支队在新几内亚东部的行动参照了越智春海『ニューギニア決戦記――絶望の戦場三年間のジャングル戦』，光人社NF文庫，2011年/初出：『ニューギニア戦記』，図書出版社，1983年。

（49）同前，第88页。

（50）同前，第108、111页。

（51）同前，第113页。

（52）同前，第115―116页。

（53）同前，第120页。

（54）1942年12月之时，南海支队残存部队约4000名，加上在此之后为布纳地区的防卫而增派的海军陆战队和陆军部队，约有1万名。前述越智『ニューギニア決戦記』，第111页。

（55）岩井勉『空母零戦隊』，文春文庫，2001年/初出：今天の話題社，1979年，第143页。

（56）同前，第144页。

（57）久保義明『九七重型轰炸机隊空戦記――サリーの防御をゼロだった』，光人社NF文庫，1997年/初出：光人社，1984年，第195页。

（58）同前，第203页。

（59）種子島洋二『ソロモン海敵中突破』，朝日ソノラマ文庫，1984年/初出：『ソロモン海「セ」号作戦——敵中突破、機動舟艇部隊』，白金書房・戦史刊行会，1975年，第223—225页。

（60）前述須藤『駆逐艦「五月雨」出撃す』，第238—239页。

（61）関根精次『炎の翼——ラバウル中攻隊死闘の記録』，光人社NF文庫，1994年/初出：今天の話題社，1976年，第211—212页。

（62）同前，第219页。

（63）同前，第237—238页。

（64）同前，第244页。

（65）同前，第268页。关根在伦多瓦岛攻击之时，出差到日本本土领取新机材，没有进行出击，捡了条命。

（66）同前，第322页。

（67）同前，第345页。

（68）同前，第358页。

（69）同前，第360页。

（70）米国海軍省戦史部編纂、史料調査会訳編『第二次大戦米国海軍作戦年誌 1939—1945年』，出版協同社，1956年，第119页。

（71）前述関根『炎の翼』，第375页。

（72）前述『第二次大戦米国海軍作戦年誌 1939—1945年』，第119页。

第四章

退却与饥饿：防卫线的崩溃
（1943年11月—1944年9月）

吉尔伯特群岛的沦陷与特鲁克群岛的崩溃

拉包尔的落日

1943年8月，日军对新几内亚岛蒙达的放弃，直接关系到9月到10月所罗门中部的总撤退，这成为所罗门和新几内亚东部战线，甚至是太平洋战争的巨大转折点。9月30日，大本营与政府召开了御前会议，设定了"绝对国防圈"，将新几内亚西部至特鲁克—马里亚纳方面作为必须确保的区域，策划了由进攻战略向持久战略的转换，前线士兵对这一转变一概不知。但当大本营在东京试着在地图上画防卫线时，发现实际要确保这些区域的话，必须尽量确保"绝对国防圈"外侧的拉包尔—吉尔伯特群岛，以为"绝对国防圈"的巩固争取时间。

美军在进入所罗门群岛中部与新几内亚东部的布纳、莱城方面后，迅速完善了航空基地，向拉包尔施压。拉包尔已经遭到B-17、B-25轰炸机的夜间轰炸，且自10月12日后开始遭到大规模的日间空袭。这一天，以拉包尔西机场为基地的海军第七五一航空队中，负责检修一式陆攻的海军检修兵长渡边纪三夫（1921年生，普通科整备术练习生教程毕业）因遭到超低空进入的美军战机降落伞炸弹的攻击而惊慌失措，一时间误以为是美军空降部队降落，拉包尔的日军随即陷入混乱，渡边等人也领到了步枪和炸药。这次日间空袭中，光是七五一空就造成了死亡60余人、轻重伤员200余人、十几架中攻着火的重大损失。[1]渡边等人将战友的遗体殓入原本装有250千克炸药的空箱，运到了火葬场。那之后，盟军几乎每日上午9：30前后，派出战斗机和轰炸机的联合编队，一般是150架到200架，对拉包尔及数个机场进行逐一空袭。渡边这些地勤人员也会搭乘检修后的中攻试飞，但因拉包尔周边不知何时会有P-38等美军战斗机的进击，所以试飞也逐渐成为关乎生死的工作。[2]

在拉包尔基地,为发起攻击而从基地起飞的飞机逐渐减少,作为防卫拉包尔的防空战斗机基地的色彩变浓。拉包尔连日遭到猛烈空袭,11月14日,曾在偷袭珍珠港期间从"瑞鹤"号航母率先出动的零战飞行员岩本彻三(前出),作为二八一空派遣队(零战16架)的一员来到拉包尔。之后,被编入二〇一空的上等飞行兵曹岩本,在对布干维尔岛方面的攻击,以及拉包尔防空战期间进行了不舍昼夜的出击。岩本的爱机零战21型,在之后的两个多月内被画上了60多个击落符号。[3]但无论岩本如何奋战,来袭的美机仍不断增多,到12月,甚至有三四百架飞机同时涌来。与此同时,日本没有战斗机、飞行员的补充,岩本的二〇一空也因现有飞机的锐减,于12月15日被编入了二〇四空。1944年1月,二〇四空幸存的零战飞行员又从拉包尔转隶到位于新不列颠岛内托拜拉基地的二五三空。11月之后,联合舰队时而在固定时间内派遣航母部队上的舰载机到拉包尔地区,但这期间飞行队指挥官的技术水平下降,每次空战都会带来较大的损失。2月17日、18日,特鲁克岛遭到美军机动部队的攻击,拉包尔的海军航空兵全部迁往特鲁克,激烈的拉巴尔防空战自此结束。

马金、塔拉瓦的"玉碎"

曾在马来海战中用鱼雷击中英国"威尔士亲王"号战舰的元山空的中攻机长村上益夫(前出),转战于婆罗洲、苏门答腊后,又到拉包尔参加莫尔兹比空袭。幸运的是,他在瓜岛攻防战开始之前返回了日本本土。村上的部队作为海军第七五五航空队,于1942年12月被派至马绍尔群岛的罗伊岛。村上(时任飞行兵曹长)以罗伊基地为根据地,偶尔飞至日军曾吃过大苦头的威克岛,或是到日军势力圈最东端的基地塔罗亚岛、吉尔伯特群岛的瑙鲁岛,每天在广阔的海面上进行巡逻与对潜警戒。经过在"飞行员坟墓"的所罗门新几内亚东部方面的激战后,日军暂时度过了一段比较平稳的时期。然而1942年10月5

日，美军机动部队突袭威克岛，使村上等人的生活发生了巨变。村上等七五五空第二中队（一式陆攻9架）被派至威克岛，村上的飞机这一天恰巧留在了塔罗亚岛，故得以幸免。6日，包括村上飞机在内的7架中攻（搭载了医药品、飞机检修工具、零部件以及40名地勤人员）为救援威克岛，从塔罗亚岛出发，在威克岛附近被美军舰载机格鲁曼袭击，村上飞机的主驾驶员当场战死。通常情况下，中攻有主、副驾驶员两名，而当时因驾驶员不足，只搭乘了一名。[4]作为侦察员的村上立即抓住方向盘，亲自驾驶，夜间在罗伊岛附近的海面迫降。村上等人在海上与鲨鱼搏斗，一直漂流到8日，被驱潜艇救起。村上的飞机上有12名同乘人员，7人因负伤和疲劳而亡。[5]美军机动部队的威克空袭致使该岛的中攻战斗机被全歼。自此，马绍尔—吉尔伯特方面的日军航空力量，仅剩下七五五空约40架中攻及30余架零战。

美军机动部队的威克空袭，预告了嗣后对吉尔伯特群岛（马金、塔拉瓦）的大规模攻击。富纳富提岛位于吉尔伯特群岛东南方较远处，联合舰队非常重视美军在富纳富提岛上的B-17轰炸机基地竣工一事，于是命令七五五空对该岛实施夜间空袭。好不容易身体得以恢复的村上，于11月17日进入塔罗亚岛，于当天夜间轰炸了富纳富提岛。18日清晨回到塔罗亚，又于当天返回到罗伊。但在次日，即19日，马金、塔拉瓦遭到美军机动部队舰载机的大规模空袭。村上的飞机作为侦察机立刻出击，在瑙鲁岛附近发现美军机动部队并与其接触，但由于七五五空战斗力不足，未能对其发起攻击。20日，村上的飞机作为由9架鱼雷攻击机组成的编队其中的一架出击罗伊，对马金岛近海的美军机动部队实施了夜间攻击。连日出击的疲劳加上夜间飞行的错觉，该架飞机甚至在海面上与僚机发生过碰撞。另外，负责引导鱼雷攻击机编队的侦察机也全部失去联系，村上等人未能发现美军机动部队，于是途经瑙鲁回到了罗伊。21日拂晓，美军开始了在马金、塔拉瓦两岛的登陆作战。村上因连日出勤极度疲劳而失去食欲，注射了葡萄糖，在意识混沌中写下了遗书。11时村上的飞机作为由16架鱼雷攻击机组成的编队（七五五空的全部战斗力）中的一架出击。中攻在没有战斗机护航的情况下进行日间鱼雷攻击，这意味着难以生还。这一天，村上的飞机向美国航母投掷鱼雷后（无法确认战果），奇迹般地返回到瑙鲁，而16架中攻有12架未能返回。[6]这一带的日军的空中力量消耗殆尽，完全陷入孤立无援的马金、塔拉瓦守备队5400人于11月25日被全歼。

特鲁克群岛的溃败

1942年8月，瓜岛攻防战开始后，联合舰队"大和"号旗舰进入特鲁克群岛（现楚克群岛），之后成为了联合舰队主力的停泊地，以及拉包尔方面空中力量的中转基地。美国将特鲁克群岛称为"日本的珍珠港"。日本海军考虑到要在特鲁克岛部署联合舰队的主力，所以必须确保拉包尔的安全。因为特鲁克群岛是"绝对国防圈"链条上的重要一环，拉包尔则是守护它的外围阵地。对于日本海军来说，拉包尔的激烈攻防战全是为了特鲁克群岛的安然无恙。同时，特鲁克群岛也是拉包尔方面物资、燃料的补给基地，拉包尔和特鲁克之间经常有重要的船队往返。

1944年2月12日，负责护卫向拉包尔运送燃料的船队返航的"野分"号驱逐舰，顺利完成任务，返回了特鲁克。搭乘"野分"号的通信员的飞机，由海军中尉佐藤清夫（1923年生，海兵71期）驾驶，于1月30日从特鲁克出发。出发之时，特鲁克停泊地尚有联合舰队的旗舰"武藏"号，且停满了战舰、航母、巡洋舰等多数战舰，返回时却悉数消失不见，这令佐藤他们十分诧异。[7]"野分"号驱逐舰舰长也不知舰队主力移动的原因，联合舰队司令部以及基地司令部（第四舰队）也没有给出任何通报。战舰从特鲁克停泊地消失，但陆海军约40艘运输船还停泊在这里，陆地基地也无任何变化，佐藤等人认为联合舰队主力可能是向某处发动了进攻。"野分"号计划于16日起航前往日本本土，执行护卫任务。但由于运输船的装卸推迟，16日便安排了休养。特鲁克停泊地的警戒态势是通常状态的第三级，所以允许乘员登陆，傍晚后还在后甲板上临时搭了屏幕，举办了德国战时电影等放映会。[8]佐藤和"野分"号驱逐舰的很多人这一夜都久违地梦到自己返回横须贺港，做着美梦迎来了17日的早晨。

"野分"号驱逐舰准备驶离停泊地时，特鲁克群岛全域突遭美军机动部队舰载机的大空袭。此次美军行动如同日本偷袭珍珠港，完全是突如其来的袭击。2月17日、18日两天，袭击特鲁克的是以美军第五十八机动部队的9艘航母为主力的航母机动部队的舰载机（约630架）。这次大空袭击沉了特鲁克停泊地的各种特殊舰艇、运输船等33艘，总排水量约20万吨，摧毁防空及补充用的海军飞机约270架。同时还完全破坏了补给特鲁克以南的海军作战的燃料罐以及各种地面设施。特鲁克群岛完全丧失了作为根据地、补给基地的功能。

吕号第四十四潜艇的舰长，海军少佐桥本以行（1909年生，海兵59期）回忆道，重油罐燃起的火焰从远处的海面上就能看到。[9]桥本以为，之所以日方的侦察机没能侦察到美军，是因为美军机动部队进入到低气压中区以接近特鲁克。[10]然而，联合舰队旗舰"武藏"号等舰队主力于2月10日离开特鲁克，事实上并非因为新的作战，而是联合舰队司令部在2月上旬判断，既然已经失去吉尔伯特群岛，美军机动部队很有可能会攻击特鲁克，所以将主要舰艇转移至帕劳方面躲避。联合舰队司令部预想到了美军机动部队的来袭，却未曾将其通报给相关部队。

无休止的退却与新一轮进攻的开始

新几内亚——无休止的退却

联合舰队主力从特鲁克群岛撤退之时，独立工兵第十五联队的陆军军医大尉柳泽弘（前出）正在新几内亚西部的马诺夸里。柳泽曾作为南海支队的先遣队登上了欧文·斯坦利岭，在布纳地区的"玉碎"战中幸存，退到了莱城。莱城地区遭到重创后被派至第五十一师团，柳泽与第五十一师团一部从1943年9月开始转移，花费40多天越过海拔4000米的萨拉瓦吉德山脉，到达了新几内亚北岸的基亚里。翻越萨拉瓦吉德山脉期间部队移动距离达300千米，途中冻馁者接连出现。柳泽听说，从莱城地区转移出来的4000人，约四成在萨拉瓦吉德山脉中死去。[11]柳泽所部搭乘舟艇从基亚里到新几内亚北岸，又移动到马当，虽说是独立工兵联队，但实际只有数十人。曾活跃在马来半岛，拥有1000余名队员，登陆新几内亚的精锐工兵联队，此时已经完全丧失了作为部队的功能。因此，他们暂时乘坐运输船从马当退到帕劳，在这里补充了数百名队员，联队得以重建。1944年1月，再次被派到临近新几内亚西端的马诺夸里。[12]

　　被派到新几内亚的日军官兵，大多不是因为战斗，而是因为"转移"而倒下。为救援莱城、萨拉马瓦地区，第二十师团原本计划于1943年2月从朝鲜出发，登陆韦瓦克东边的汉莎湾，5月从韦瓦克向马当东进，之后一边修筑道路，一边挺进莱城。但盟军在芬什港登陆，10月双方在那里交战，日军溃败。1944年1月盟军登陆古姆比，第二十师团的退路被切断，无法在沿岸地区移动，只能在内陆穿过菲尼斯蒂尔山脉到马当，然后向汉莎西进。由于"绝对国防圈"的设定及新几内亚西部防卫方针的制定，日军策划第十八军下属各部在韦瓦克集结。但对于失去了制空权、制海权的日军来说，海上运输船及舟艇的移动都非常困难。

　　2月，第二十师团步兵第七十九联队的陆军伍长尾川正二（1917年生，京城帝大毕业）进入菲尼斯蒂尔山脉已有1个月，饥饿、疾病、负伤、疲劳已使很多官兵倒毙。尾川在路边坐下，等着落后的同伴，这时宪兵伍长让当地百姓挑着行李，从对面走来，并向尾川质问道："为何不行礼？"尾川回答道，军服的阶级章弄没了，"一样是下士官"。他已很久没有对军官敬礼，军队的秩序早已不复存在。宪兵怒斥："对宪兵是要敬礼的！"然后问："你一个人吗？""有同伴，他稍慢了些。"宪兵听到便说："为什么不杀了他？"宪兵逼问道："落伍的家伙干脆杀了，在哪儿呢？我帮你杀掉！""你们这一两个人，杀了也是无所谓的。"宪兵大放厥词甚至翻开尾川背囊里面的文件，"喂，你这是从哪儿偷来的？"到最后，宪兵说着"有没有带刀具，站起来"，并开始对尾川进行搜身。尾川问："为何要搜查刀具？"宪兵瞪着他说道："你们这群人里，有吃人的。"[13]

翻越菲尼斯蒂尔山脉的两个月里，约有4000名官兵死亡。[14]

中国——豫湘桂战役的开始

曾在华中地区实施的第三次长沙会战（1941年12月—1942年1月）中遭受重创的第四十师团步兵第二三六联队，其佐佐木春隆（前出）于1944年3月晋升为陆军步兵大尉，在新联队长小柴俊男大佐的手下担任联队的作战主任（兼任步兵炮队长）。第三次长沙会战后，佐佐木作为中队长学员，在千叶的步兵学校接受培训后，又返回中国，作为中队长参加了第十一军实行的浙赣会战（1942年5月—8月）、江北歼灭作战[1]（1943年2月—3月）、江南歼灭作战[2]（1943年4月—6月），之后经历岳州[3]周边的警备、"治安战"后，负责联队的教育及训练。1943年12月，也不知道从哪里开始传出了转往南方和豫湘桂战役的谣言，大规模作战之前常会有这样的事情发生。然而进入新的一年后，就都是豫湘桂战役的传言，说是因为美军对日本本土的空袭导致航空基地覆灭，为确保从南方资源地带经由中国大陆铁路向日本输送资源的运输路线等原因，而军内的改编以及人事调动也开始频繁，像是在证明着这些流言。[15]

正好在这一时期，师团有内务检阅（检查教育内容）。师团的检

---

1 即"监利、华容保卫战"。——译者注
2 即"鄂西会战"。——译者注
3 即今湖南岳阳市。——译者注

阅辅佐官问道:"知道这次的作战(湘桂作战)期间'不烧、不淫、不抢'是军司令官阁下(横山勇中将)的口号吧。作为队长(辅佐),你怎么去贯彻?"佐佐木回答:"要做到'不抢',实在没法说。"审问官听后怒火中烧:"做不到的事情还理所当然地说出来,这不是责任人该做的!"师团长从中调和道"算了算了",这才平息下来。[16]这样的问答反映了日军在中国战场依靠现地征发的真实情况,以及命令方与被命令方之间的分歧。

3月中旬,佐佐木所属的联队召开了中队长以上人员的作战会议。佐佐木已从联队长处接到大量作战内容的文件以及地图,会上对作战构想进行了说明。佐佐木陈述道,本次作战(豫湘桂战役的第二阶段——湘桂作战。投入第十一军10个师团,36万人)在规模上与奉天会战[1]以及武汉会战不相上下,作战深度(进攻距离)是未曾有的程度,并告知第四十师团要作为外翼兵团(3个师团以上并排之时,在最外侧位置的师团,有从侧面被敌袭击的危险),担任进攻的任务,军官听后瞬间叫嚷了起来。因为是作战经验丰富的联队,很多军官都熟知大规模进攻作战之时外翼部队作战任务的困难程度。当即便有人提出了大家都抱有的疑问:"作为主要敌人的美军从东边攻过来,而背对其(向中国腹地方面)发起大规模进攻,行吗?"[17]对这一问题,佐佐木当时"回答了什么记不太清了",军司令官以及师团长也没有给予满意的答复。

第四十师团从4月上旬开始向发起进攻的预定地点进行集中行军。5月下旬下达正式的作战命令,进攻发起时间为5月27日(海军纪念日)。豫湘桂战役的第一阶段,即第十二军的京汉作战(4月18日—5月9日,与此后开始的湘桂作战合称为"一号作战")已经完成了打通京汉线的作战目的,该情报佐佐木已然得知。但已有传闻称缅甸方面的英帕尔战役陷入僵局,对于这之后行将开始的、离日本渐行渐远的大规模作战,使得佐佐木内心的不安挥之不去。

---

1 奉天会战一般指奉天之战。奉天之战,日俄战争期间,交战双方军队在中国奉天(今沈阳)附近进行的大规模决战。——译者注

缅甸——英帕尔战役的开始

1944年2月，在缅甸，由第十五军司令官牟田口廉也中将主导，穿越阿拉干山脉陆路进攻印度英帕尔方面的"乌号作战"，其作战准备在迅速推进。前一年的12月，第十五军下属的第十五师团兵器部员[1]（师团司令部执勤）、陆军步兵大尉深泽卓男（前出），在计算了师团和兵员所携带的武器、弹药和粮食后感到茫然。因为运输道路不畅通，师团甚至无法装备一门野炮（通常师团炮兵联队会装备24门野炮或山炮、12门100毫米榴弹炮），可以分开装载到马背上的山炮级联队炮、大队炮也得留下三分之一（额定30门，携带21门），绝大部分重机关枪也无法携带（额定72挺，携带12挺），而士兵要各自背负25天的粮食和携带式燃料罐（不会冒烟，从上空不会发现的固体燃料）等，这些比通常作战更多的辎重，按指示备齐后，重量达到60千克（当然，不减去部分东西是无法靠自己的力量行军的）。[18] 用远不如中国战场期间的日军装备（火力）去与英军抗衡，这对于在中国战场积累了重视火力的丰富实战经验的深泽来说，只有无限的不安。

英帕尔战役的计划为，在缅印国境从北往南依次部署第三十一师团（烈兵团）、第十五师团（祭师团）、第三十三师团（弓兵团），先遣的弓兵团从南牵制英军的同时，烈兵团负责占领英帕尔的补给据点——科希马，以祭兵团为主力的三个兵团分进合击，从发起进攻开始用6~7周的时间攻占英帕尔。日军投入了3个师团及军直属部队共85600人的兵力。虽然日军从一开始就有补给、运输方面的问题，但第三十三师团还是于3月8日，其他两个师团于15日渡过钦敦江，发起了对印度的攻势，并计划于4月29日天长节这一天在英帕尔举杯庆祝。

3个兵团穿越了险峻的阿拉干山脉，第三十一师团于4月6日到达科希马，第十五师团、第三十三师团也在4月10日先后包围了英帕尔，基本按计划进行。然而掌握了制空权的英军向日军实施猛烈的轰炸和枪击，通过空运持续补给英帕尔和科希马，用压倒性的炮兵火力和坦

---

[1] 兵器部员是日军中的一个职务，负责武器装备。——译者注

克阻止了日军的肉搏突击。第十五师团没有携带超过野炮的重武器，只有依靠在途中虏获的英军的2门100毫米榴弹炮作为重火力，对抗英军的炮兵、坦克。因此，作为师团司令部兵器部员的深泽在5月初接到师团参谋长的命令，再次穿过阿拉干山脉，折回2000多千米，回到进攻起点附近的富明，监督、鼓励工兵联队及辎重兵联队，哪怕只有一门，也要尽量将残留的火炮运往前线。[19]为执行该命令，要设法修通从富明到英帕尔的机动车道，还要避开英军的空袭来搬运火炮和炸弹。深泽试图用2辆卡车和1辆虏获的吉普运送2门100毫米榴炮弹，但遇到陡坡或窄路，或一边是悬崖峭壁的难行之处时，就要拆解火炮，靠人力搬运，然后再运到卡车上，再用吉普牵引。在危险的白天要防空，在没有灯火的夜间要谨慎驾驶，5月21日终于将炮送到了前线。[20]在此之后又有6门火炮送到。但进入雨季后，就无法再进行这样的运输。

决战的去向

"Z"字旗升空——马里亚纳海战的开始

1944年2月，特鲁克群岛海军根据地的毁灭使"绝对国防圈"出现了一个很大的缺口。美军在新几内亚西部的比亚克岛吸引了日军的注意，于6月15日登陆了马里亚纳群岛的塞班岛。日本海军无法判断美军的目标是帕劳还是马里亚纳，于是为应对这两种情况，从5月开始将9艘主力航母（舰载机439架）的第一机动舰队（司令长官小泽治三郎中将）集结到棉兰老岛和婆罗洲中间区域的塔威塔威停泊地。

"翔鹤"号航母舰载战斗机编队的海军上等飞行兵曹白浜芳次郎（1921年生，操纵练习生56期），是从水上飞机转型的熟练飞行员。1944年2月，他作为第一航空战队（由"大凤"号、"瑞鹤"号、"翔鹤"号航母舰载机部队约250架飞机组成）中的一员，从岩国迁到新加坡的实里达基地。第一机动舰队的中坚力量——一航战，其机型统一使用了新锐飞机，战斗机为零战52型，舰载轰炸机为彗星，舰载攻击机为天山，从4月开始实施了编队的综合训练。[21]在所罗门方向的空战中，海军失去了大量航母机动部队的飞行员，他们花费半年时间欲设法重建战斗力。到了5月，一航战从林加停泊地进入塔威塔威，与二航战的"隼鹰"号、"飞鹰"号、"龙凤"号，三航战的"千代田"号、"千岁"号、"瑞凤"号会合，集结了"大和"号、"武藏"号、"长门"号、"金刚"号、"榛名"号等战舰，共计70余艘船舶。白浜本以为能在塔威塔威完成最后的训练，但美军潜艇频繁出没，航母无法驶出停泊地而让飞机起飞。所以约1个月时间里，第一机动舰队的400多架舰载机编队基本无法进行训练。[22]

6月13日，美军机动部队突然袭击马里亚纳群岛，对塞班岛进行了猛烈轰炸。第一机动舰队从塔威塔威出发，旗舰"大凤"号挂起了日本海军传统的"Z"字旗，以显示接下来的一战将是赌上"皇国兴衰"的决战。袭击马里亚纳的美军舰队是第三十八机动部队的15艘航母，以及约900架舰载机。原本在马里亚纳群岛的日本海军约600架陆基航空队中，一部已向比亚克移动，参加对美的牵制作战，而大部分已经在美军的先发空袭中被歼灭。日美舰队的间隔逐渐缩短，在双方距离350海里的6月19日8：00，白浜等人从"翔鹤"号出发。48架零战、53架彗星、27架天山从一航战的3艘航母起飞，朝侦察机通报的美军机动部队可能出现的海面出发。不一会儿，他们就看到了航行在一航战前方100海里的前卫部队——三航战的航母和护卫舰艇，白浜等人开始倾斜飞行，以示意是己方飞机，但日本舰艇还是误以为是敌机来袭，向他们射出了猛烈的对空炮火，编队中的4架飞机掉队。[23]之后，在离预计海面不到50海里处，从云隙间发现了美国舰艇的白色航迹。白浜为进行确认向上空望去，发现美军的新锐舰载战斗机格鲁曼F-6F的编队已经朝他们俯冲而来。美军事先已通过雷达捕捉到日军战机，配置了压倒性数量的战斗机。白浜等人的编队有128架飞机，其中87架被击落。被卷入激烈空战的白浜未能确认攻击队的战果，好不容易甩开美军机的追击，返回到航母待机的海面，但却未发现"翔鹤"号航母、"大凤"号旗舰。经过远距离飞行以及激烈战斗后，燃料已经耗尽，他只能降落到二航战的"飞鹰"号。[24] 筋疲力尽的白浜在飞行员休息室里，靠一根冰激凌终于缓了过来。[25]

马里亚纳海战的终结

在之前的偷袭珍珠港、印度洋空袭以及荷兰港空袭中大显身手的九九舰载轰炸机编队队长阿部善次（前出），也参加了此次马里亚纳战场的战斗。阿留申群岛战役后，回到日本本土的阿部作为"飞鹰"号航母舰载轰炸机编队队长，前往瓜岛方面。1942年12月又一次返回日本本土，之后担任筑波、百里原航空队的教官，培养飞行员。1944年3月，阿部成为二航战飞行队第六五二海军航空队的飞行队长，在岩国负责培训部下。在二航战，新型战机彗星只分配给阿部等水平高的队员（1个中队），但他们为了去熟悉新型战机已耗尽气力，重要的俯冲轰炸等空战训练几乎没能进行。当然，日本本土燃料不足也是其中一大原因。技术未成熟的人员（3个中队）依然搭乘旧式的九九舰载轰炸机。二航战的大部分队员没有任何实战经验，阿部期待着今后搭乘航母进入燃料丰富的南方后，无论是彗星，还是九九舰载轰炸机，都能够得到充分的训练。[26]

阿部所乘的二航战"隼鹰"号是由商船改建而成的航母，飞行甲板只有215米，最高速率也只有25.5海里。因此，重量超过九九舰载轰炸机的新型战机彗星在起飞时，船舰在停止状态下的迎面风速若达不到5米/秒以上，就得不到离舰起飞所需的合成风力（自然风与航母前行时引发的风的合力）。塔威塔威停泊地无风日较多，彗星无法实施从"隼鹰"号起飞的训练，这让阿部的不安不断加剧。[27]

6月19日10:15，二航战的27架九九舰载轰炸机与20架零战及3架天山，组成第二波攻击队出动。此次海战中，日方采用了超量程战法，从美军舰载机行动半径的200海里外的350~400海里的地点发动，但这种远距离攻击，对于这一阶段日本海军飞行员来说，百害而无一益。长时间飞行后的疲劳，加上美军机动部队的移动导致目标不明确，另外燃料不足，加上美军雷达捕捉到日军后，战斗机会提前起飞，进行突袭。先发的50架二航战飞机未发现美机动部队，在燃料耗尽准备在关岛紧急降落之时，遭到格鲁曼的袭击，26架瞬间被击落。阿部的编队运用巧妙的航法，发现了一群美军的机动部队，但还是遭到格鲁曼的迎击。阿部好不容易瞄准了航母，投下了一枚250千克炸弹。阿部的飞机脱离到对空炮火安全圈时，没有一架彗星跟随其后，也不见护卫的零战。[28]形单影只的阿部的飞机燃料不足，准备迫降关岛时，遭格鲁曼的阻击而无法接近，就在他想要放弃、准备自爆之时，在海上偶然发现了岛屿才勉强迫降。那里正是日军驻扎的罗塔岛[29]，阿部最终在岛上滞留到停战。

马里亚纳海战一直持续到20日，日本海军惨败，失去了"大凤"号、"翔鹤"号、"飞鹰"号3艘航母，395架舰载机，以及几乎所有的陆基飞机。貌似得以重建的日本海军空中力量以及航母机动部队就此被全歼。日本航空队的惨重损失来自于美国450架战斗机的迎击，以及舰艇上带有VT引信（炮弹在最接近目标之时自动引爆的引信）的高射炮。而对手美军失去了约50架舰载机，未有舰艇被击沉，只有2艘战列舰、2艘航母、1艘重巡、3艘驱逐舰等受损。[30]

塞班岛上的"玉碎"

塞班岛作为"绝对国防圈"之要津，被认为"难以攻陷"，日方配备了陆海军地面部队32000人。作为守备队中坚力量的第四十三师团等大部分部队，在美军登陆（6月15日）之时，才刚到岛上2个月，所以无论是构筑阵地还是训练都不充分。

1944年3月，从关东军中选拔出来的坦克第九联队登上运输船"加古川丸"，短暂停靠横滨后，于4月8日驶抵塞班岛。途中，26艘运输船队中的一艘遭潜艇攻击而沉没。该联队第三中队的坦克兵、陆军上等兵下田四郎（1923年生，1941年志愿兵）此时也是首次登上塞班岛，在卸下坦克的过程中就意外遭到B-24轰炸机的空袭（联队无损失）。下田一行从次日起就被迫开始匆忙地建造用来隐藏坦克的掩蔽壕。[31]下田作为坦克第九联队的一名坦克兵，自1942年4月以来，一直在"满洲国"东部的东宁接受严格的训练。这支坦克联队在对苏作战之际，是作为尖兵预备以突破苏联和"满洲国"边界的部队。他们每天都进行着突破森林、傍晚黎明攻击、夜间熄灯高速行车、坦克最高难度的边跃进边向移动目标连续射击等的训练。作为机关枪手的下田蒙着眼睛，也可以迅速进行车载重机枪的分解与组装。日本陆军的坦克队中，第九联队已经达到了精锐部队的熟练程度。到达塞班岛后，在对移动目标的射击演习中，第九联队也取得了全命中的惊人成绩。指挥演习的第四十三师团长斋藤义次中将，甚至给予联队官兵两天的赏赐休假。[32]

但下田等人并未享受到假期，因为美军机动部队的舰载机开始了空袭。坦克第九联队从5个中队中派遣出2个中队前往关岛，所以塞班岛上的作战力量剩下联队本部和第三、第四、第五中队，装备坦克总计4辆。联队本部有九七改中型坦克（长身管47毫米炮）1辆以及用作各中队中队长座驾的3辆；各中队有九七式中型坦克（短身管57毫米炮）9辆，共计27辆，联队本部有九五式轻型坦克（37毫米炮）4辆，各中队有3辆，共计13辆，总共有44辆。[33]总而言之，坦克联队的主力为九七式中型坦克，尽管从1941年的马来进攻作战算起已过去两年半，但陆军坦克队的装备却鲜少变化。

6月15日拂晓，美军海军陆战队第二师及第四师在塞班岛西部登陆。在登陆地点附近的坦克第九联队第四中队立即向濒海的美军发动攻击，但美军舰炮的反击致使这支日军当天全军覆没。联队本部及第三、第五中队的30辆坦克暂且先在南与神社集合，于17日2:30与步兵部队一起，对沃莱艾机场进行了夜袭。下田在第三中队指挥班（负责向各小队传达中队长的命令）的九五式轻型坦克上当通信手兼前方枪手。当到达可以看见海岸的位置之时，海上的美军舰艇发射的照明弹将周围照得跟白天一样。(34)各坦克上本来都有步兵，但在冲进美军阵地之前就几乎已全部战死。美军的海军陆战队使用了对付坦克的新武器——反坦克火箭筒，使日军坦克陆续抛锚、起火。坦克第九联队仅在这一次4个多小时的战斗中，联队长等官兵几乎全体阵亡。下田的坦克履带被打坏，于是拆下机关枪逃离到车外。(35)之后，下田等人躲进密林里继续抵抗。塞班岛守备队最终于7月7日"玉碎"。

英帕尔战役的结束

被称为精锐的坦克第九联队在塞班岛全军覆没之时，英帕尔战役中的日军也面临严重的局面。5月底，占领了通往英帕尔补给路线上交通要地科希马的第三十一师团（烈兵团，佐藤幸德中将）以无法接受补给为由，开始撤退。英印军于6月22日已打通了科希马—英帕尔通道。以第三十一师团的撤退为开始，第十五师团、第三十三师团也已无法持续作战，日军开始全线撤退。

第三十一师团的山岳运输队（独立辎重兵第二联队第三中队）中的陆军上等兵黑岩正幸（1921年生，1942年征召）从事向科希马运输粮食、弹药等的工作。虽说作战忽视了补给，但前线战斗部队的补给也并非完全没有，山岳运输队的各部用畜力及人力，负责将物资从缅甸接力运输到最前线。然而，在缺乏像样的粮食的山区，牛也不再动弹，作为依靠的军马也相继倒下。(36)虽然数量远远不足，但还是有些粮食补给被送到了最前线，然而负责搬运的黑岩所属的运输队却没有粮食补给，于是他们到当地的山岳民族聚居地——钦族村庄里抢粮，这样的行径促使钦族愈加靠拢英印军[1]，英印军后方游击队在钦族人的引导下，时常伏击日军的运输队。黑岩的战友也在袭击中被杀，报复心使他想杀掉抓来的当地百姓，但看到他们畏惧的眼神时，黑岩还是没能扣下扳机。(37)

---

1 即英属印度军队。——译者注

黑岩所部一边对抗各处空降而来的英印军后方游击队，一边执行运输任务。烈兵团全线撤退后，自6月14日起，他们还要负责用担架运送从最前线撤退下来的重伤患者。每人每天只分到1合米[1]的黑岩等人，已然没有运送伤病员的气力[38]，担架员每天能分到2合米，所以没有米再分给其他运输队员。而且运送伤病员的队伍行进缓慢，黑岩的中队被撤退的战斗部队赶超，运送队又遭到追击而来的英印军的正面进攻。撤退的运输队士兵处于日军最末尾的位置，因长时间高强度的任务，大半也是伤兵，饥饿加上衰弱导致掉队者频出，分发给伤病员的本就不多的粮食被盗的事件频发。[39]于是在6月29日前后，考虑到如此下去，运输队以及伤病员都支撑不了，中队长下令，停止运送伤病员，并且上级司令部也发出命令："不能靠自己力量前行的人请自行了断。"[40]这是为了防止无法行动的人沦为俘虏。但即便是命令，不能行走的士兵也难以自尽。于是中队长根据上级命令，设置了称为"末尾收容班"的部队。[41]黑岩等士兵以为，这个"末尾收容班"是为了激励那些掉队的士兵，或是为了助他们一臂之力，以便从对"自尽命令"的恐惧中解脱出来。然而，"末尾收容班"设置以后，报告中的"自尽"人数反而剧增。"末尾收容班"哪里是帮助掉队的士兵，他们强行要求无法行动的士兵自尽，如果抗拒便将其枪杀，或者用注射器将其毒杀。[42]英帕尔战役中，包括撤退作战在内的日军，共战死3万，病死、饿死超过2万，损失巨大[2]。7月10日，南方军命令停止作战。

又一条缅甸战线——胡康河谷

1942年3月至5月，日军进攻缅甸后，盟军向中国蒋介石政权运送军事物资的"援蒋通道"，从仰光—曼德勒—腊戌通往云南省昆明的中缅公路被切断。但之后，英美开设了印度阿萨姆邦廷苏吉亚—昆明

---

1 日本容积单位，1合米相当于180克。——译者注
2 左立平发表在1995年第4期《现代兵器》中的《英帕尔-科希马之战》一文提到日军伤亡为53000人。——编者注

跨越喜马拉雅的空运路线。在1943年1月的卡萨布兰卡会议中，罗斯福和丘吉尔就1943年11月左右开始反攻缅甸达成一致[1]，准备经阿萨姆邦的雷多—缅甸北部的胡康河谷—密支那—南坎（雷多公路），打通与中国龙陵—昆明相连的中缅公路。事实上，10月30日全副美式装备的中国新编第一军（印度远征军）也开始了胡康河谷的作战，雷多公路打通作战开始实施。

位于缅甸的第十五军强行实施英帕尔战役，多是想先于盟军从印度进攻缅北（打通雷多公路），还想压制援蒋通道（空中路线）的唯一出发点，但事实上先发制人的是盟军一方。第三十三军（第十八师团、第五十六师团）的各处防线，被从西面向胡康方向、从北面（云南）向缅北攻来的全副美式装备的中国军队（由美军支援）攻破。并在1944年3月以后，因被通过滑翔机降落的英军温盖特旅切断了后方的补给路线而陷入危机。

1944年5月底，曾在马来半岛哥打巴鲁实行了敌前登陆的第十八师团步兵第五十六联队第一大队第一机关枪中队的前田正雄（前出）晋升为陆军中尉、机关枪中队长，此时身在缅北胡康河谷的战场。1943年11月之后，前田所在大队在罕无人迹的胡康密林中进退失据。大队从600多人减少到130人左右，前田作为中队长所在的机关枪中队也是如此，原本6挺九二式重机枪只剩下1挺，原有120名队员，现在经其他普通中队增援后，加上步枪小队也才30多人，这样的兵力被指派负责长达600米的正面防卫。[43]5月以后，缅甸正式进入了雨季，无论是战斗，还是步行撤退，难度都在加大。脚上要是沾上泥和被打湿的落叶，很快就会被山蛭这样的吸血动物吸附。原本期待着到了雨季，盟军的进攻也会减缓，但补给充沛的新式中国军队的追击速度却丝毫没有减弱。极端的营养失调，加上感染上疟疾和阿米巴痢疾的日本官兵，全靠意志在抵抗，只能不断后退。6月11日，大队长集中了前田等残

---

1 于江欣：《论东南亚战场的战略转折——英帕尔战役》，《军事历史》1995年第6期，第43页。——编者注

存的大队军官，提议"这样下去的话，终将横尸荒野……我们不如袭击敌人的粮食据点，吃饱喝足了一起干脆地玉碎吧"。(44)前田反对道，"玉碎"是随时都可以的，大队长道出诀别之言，"我们靖国神社再见"，然而他们已经没有向敌人发起突击的气力。最终，大队中还能走路的人就各自撤退。前田等人直到6月22日前后都在密林或湿地里游荡，好不容易走到平地后，碰到了日军的汽车部队，从而获救。(45)从胡康河谷逃离出来的大队成员仅有30人左右。

与此同时，与缅北隔着萨尔温江（怒江）相邻的中国云南省拉孟地区，日军第五十六师团的步兵第一一三联队在腾冲时，由步兵第一四八联队负责防御，之后不断陷入中国云南远征军的包围。拉孟守备队于9月7日，腾冲守备队于9月13日分别全军覆没。

豫湘桂战役——攻占衡阳

1944年6月在缅甸战线，英帕尔及胡康河谷的撤退仍在继续，云南的守备队被包围。太平洋方面，塞班岛守备队的水际防御失败，马里亚纳海战中日本海军也是惨败。而这期间，日军大规模地掀起了中国豫湘桂战役的第二阶段作战——长衡会战。作战期间，5月27日开始动员，第十一军的10个师团36万多人，6月18日占领了机场所在地长沙。26日开始向机场所在地、中国军队聚集地衡阳发起进攻。

日军虽然成功占领了衡阳机场，但攻占衡阳十分困难。7月2日的第一次总攻失败，11日又发起第二次总攻，再度失败。日军包围了衡阳，中国军队欲解围衡阳，从外侧再次包围日本的衡阳包围军，与阻拦其行动的日军之间展开了激战。8月4日，日军一边阻击中方的解围部队，一边对衡阳实施第三次总攻。8日，衡阳的守卫部队投降。与此同时，中方的解围部队也开始撤退，衡阳攻防战宣告结束。衡阳之战的规模之大，被称作"中国事变的天王山"。[1]

---

[1] 日方称呼，天王山之战又称山崎之战，发生在1582年，意指决定性的关键战役。——译者注

占领衡阳，日军看似在中国战场上取得了唯一一次"决战"的胜利，但死伤人数达到了19380人（其中军官战死390人，负伤520人）[1]。第十一军折损甚大，原计划攻占衡阳后，立即发动攻占桂林—柳州的第三阶段作战即桂柳会战，却因此变得困难。大本营不得不向中国战场投入约10万人的补充兵力。

衡阳攻防战期间，日军投入了大量兵力，且进行了多次补给，然而还是陷入了苦战，原因是日军在中国战场上失去了制空权。入华的美军航空部队向移动的日军实施轰炸，而日军地面部队对此毫无还击之力。参加了此次作战的第四十师团步兵第二三六联队，担任作战主任的佐佐木春隆（前出），在这之前的作战中都会以第十一军的直协机每日早晨向联队本部投下前一夜的整体情况图（《敌我双方的配置图》），作为情况判断的基础。然而随着制空权的丧失，无法继续进行情况图的投放，整体情况也就无从知晓。[46]另外在衡阳上空，日美两军的战斗机爆发空战，日本官兵目睹日军战斗机在眼前坠毁，地面的众多士兵都因此懊恼流泪。[47]佐佐木回忆道，自从美陆军的P-15野马战斗机出现以后，患上"飞机恐惧症"的人也变多了。[48]

衡阳会战之后，佐佐木所在联队的军官之间开始了此后是否进入桂林的议论。在佐佐木联队身为大队长的香月少佐，是一名出色的军人，但他却失落地说："听闻马里亚纳诸岛上的玉碎……主要敌人美军正从东边攻打日本的生命线。然而我军却朝敌人的反方向——桂林而去，这有何用？事关国家存亡，笨蛋才会走错误方向"，"越靠近桂林，就离日本越远啊"。[49]这是联队官兵真实的想法。但在当时，身处前线的佐佐木等人对实际战况几乎一无所知，就靠"联合舰队还健在，所以……""之前都是在小岛，所以没办法，菲律宾、中国台湾都是大

---

1 日军伤亡数：据日方供称为19380人（这当然是缩小了的数目，衡阳会战结束后，冈村宁次视察第六十八师团部，该师团长堤三树男汇报称：该师团因参加衡阳战役，军官缺额40%，士兵缺额30%，可见其伤亡之重。日军伤亡确数仍值得史学家研究）。来源：钟启河、刘松茂，《湖南抗日战争日志》，长沙：国防科技大学出版社，2005年，第256—257页。——编者注

岛，所以（不用担心）……"⁽⁵⁰⁾等议论，自欺欺人。

注

（1）渡辺紀三夫『ラバウル航空隊の最後——陸攻隊整備兵の見た航空戦始末』，光人社NF文庫，2008年/初出：光人社，2002年，第56页。
（2）同前，第105页。
（3）岩本彻三『零戦撃墜王——空戦八年の記録』，光人社NF文庫，1994年/初出：今天の話題社，1972年，第168页。
（4）村上益夫『死闘の大空』，朝日ソノラマ文庫，1984年/初出：鱒書房，1956年，第135页。
（5）同前，第165页。
（6）同前，第220页。
（7）佐藤清夫『駆逐艦「野分」物語——若き航海長の太平洋海戦記』，光人社NF文庫，2004年/初出：光人社，1997年，第115页。
（8）同前，第124页。
（9）橋本以行『伊58潜帰投せり』，朝日ソノラマ文庫，1987年/初出：鱒書房，1952年，第167页。
（10）同前，第169页。
（11）柳沢玄一郎『軍医戦記——生と死のニューギニア戦』，光人社NF文庫，2003年/初出：『あゝ南十字の星』，神戸新聞出版センター，1979年，第196页。
（12）同前，第205页。
（13）尾川正二『「死の島」ニューギニア——極限のなかの人間』，光人社NF文庫，1998年/初出：『極限のなかの人間——極楽鳥の島』，国際日本研究所・創文社，1969年，第105—107页。
（14）同前，第78页。
（15）佐々木春隆『華中作戦——最前線下級指揮官の見た泥沼の中国戦線』，光人社NF文庫，2007年/初出：図書出版社，1987年，第145页。
（16）同前，第149页。
（17）同前，第160页。

· 99 ·

（18）深沢卓男『祭兵団インパール戦記――歴戦大尉の見た地獄の戦場』，光人社 NF 文庫，2004 年，第 160 页。第十五师团携带的火炮、重机关枪数参考桑田悦、前原透编『日本の戦争・図解とデータ』，原書房，1982 年，第 50 页。平常的火炮、重机关枪数参考同前书资料篇第 9 页。

（19）前述深沢『祭兵団インパール戦記』，第 185—186 页。

（20）同前，第 212—213 页。

（21）白浜芳次郎『最後の零戦』，朝日ソノラマ文庫，1984 年／初出：鱒書房，1956 年，第 18 页。

（22）同前，第 47 页。

（23）同前，第 93—94 页。

（24）同前，第 115 页。此后，白浜从"飞鹰"号转移到"瑞鹤"号，在 20 日负责"瑞鹤"号上空直卫的任务，"瑞鹤"号被击中后，他无法着舰，便降落到附近水面，被驱逐舰救起（同前，152 页）。

（25）同前，第 114 页。

（26）阿部善郎『艦爆隊長の戦訓――勝ち抜くための条件』，光人社 NF 文庫，2003 年／初出：光人社，1997 年，第 157 页。

（27）同前，第 158 页。

（28）同前，第 167 页。

（29）同前，第 169 页。

（30）米国海軍省戦史部編纂、史料調査会訳編『第二次大戦米国海軍作戦年誌 1939—1945 年』，出版協同社，1956 年，第 162 页。

（31）下田四郎『サイパン戦車戦――戦車第九連隊の玉砕』，光人社 NF 文庫，2002 年／初出：『慟哭のキャタピラ――サイパンから還った九七式戦車』，白金書房，1976 年，第 78 页。

（32）同前，第 82 页。

（33）同前，第 120—121 页。

（34）同前，第 63 页。

（35）同前，第 65 页。

（36）黒岩正幸『インパール兵隊戦記――「歩けない兵は死すべし」』，光人社 NF 文庫，1999 年／初出：『自決命令――インパール兵隊戦記』，光人社，1984 年，第 122 页。

（37）同前，第 129 页。

（38）同前，第145页。

（39）同前，第159页。

（40）同前，第189页。

（41）同前，第207页。

（42）同前，第208页。

（43）前田正雄『菊兵団ビルマ死闘記——栄光のマレー戦から地獄の戦場へ』，光人社NF文庫，2007年/初出：『戦場の記録』，私家版，2000年，第253页。

（44）同前，第264页。

（45）同前，第275页。

（46）前述佐々木『華中作戦』，第220页。

（47）佐々木春隆『B29基地を占領せよ——10個師団36万人を動員した桂林作戦の戦い』，光人社NF文庫，2008年/初出：『桂林作戦』，図書出版社，1989年，第72页。

（48）同前，第65页。

（49）同前，第73—74页。

（50）同前，第75页。

第五章

崩溃与自灭：无法完结的战争
（1944年10月—12月）

台湾海域空战的"大战果"

不见敌机

马里亚纳决战之后，日美两军均设想下一场决战地点将在菲律宾方面，而前哨战则是台湾海域空战。开端是1944年10月10日，美军第三舰队第三十八机动部队向西南诸岛发起大规模空袭（十十空袭）。日军于10月12日开始向由4个战斗群组成的美军17艘航母（埃塞克斯级正规大型航母9艘、独立级轻型航母8艘）机动部队发起空袭。日军从全国集中了空中力量，拥有可以利用南部九州、冲绳等基地的优势。

千叶县茂原基地的第二五二海军航空队战斗三〇二飞行队里，身经百战的零战飞行员、海军特务少尉角田和男（1918年生，预科练乙种5期）于10月11日驾驶着由48架飞机组成的编队中的一架而出动。途中，相模湾上空新旧庞杂的飞机成群结队地翩翩起舞，甚至让人一度感叹"日本还有这么多飞机"。光零战就超过200架。因为是乌云低垂的坏天气，他们被迫实施云上飞行，大编队转眼间分散开来。这一天，如期到达鹿儿岛第二国分机场的战斗机编队只有角田引导的23架飞机（其他应该已返回或者迫降）。14日（也有可能是12日），从国分进入冲绳县伊江岛的角田部队，在当天下午离开伊江岛，直接掩护一式陆攻的部队向冲绳南方海面飞去，进行侦察攻击。侦察攻击是指，不能确切掌握敌人位置之时，侦察敌人所在地，一经发现便发起攻击的战法。由于烟雾阻挡视线，他们未能发现美机动部队，发动机的状态也不佳，傍晚时分才终于到达台湾高雄基地。在那里，角田等人听到大佐参谋高声疾呼"这个基地的指挥由我来"的"命令"。

敌人正在败走之中。第二天早晨，银河（一款新型陆基轰炸机）全力展开追击，零战对此提供直接掩护。银河进行侦察攻击的任务是到最大航程为止。零战的续航距离虽短，但直到（银河）轰炸结束为止，绝对不能离开直接护卫的位置。任务完成后如果燃料不足，可以不用返回。[1]

"任务完成后如果燃料不足，可以不用返回"也就是让直接掩护部队在海面迫降，但似乎没有采取救援的对策。角田心想："他的脑袋是不是被炸疯了。"[2]角田等人在着陆之前，高雄基地遭到美军舰载轰炸机编队的袭击。次日清晨（15日），角田等人按照命令，先作为银河部队的直接掩护部队从高雄基地起飞，"因为如果跟过去，我们明摆着是有去无回"[3]，非直属长官参谋的"命令"对他们并不起效，角田等人去了原先指定去的台南基地。16日，被派去"扫荡残敌"的角田，作为银河和天山的直接掩护部队起飞，但又由于发动机的问题返回。进入1944年，日本航空产业强化了发动机、机体的量产体制，相反，质量与工作精度却大幅度下降，发动机故障频发。具备高超驾驶技术的角田面对发动机的问题也无可奈何。最终，在角田没有看到一架敌机的情况下，台湾海域空战告终。但实际是视野不佳导致角田没有发现，他的上级以及同僚、部下等众多人员，因美军战斗机的攻击而阵亡。对角田这样曾在所罗门经历过鏖战的王牌飞行员来说，也是在没有看到敌机身影的情况下失去了伙伴，回到基地后被告知实情的他倍感愕然。

不见敌机动部队

和角田和男一样隶属于二五二航空队另一支部队（战斗三一六飞行队）的"拉包尔击落王"、特务少尉岩本彻三（前出）与角田的日程一样，从国茂原基地出发，飞往国分基地。岩本于12日清晨到达伊江岛，补充燃料及用餐后，便向冲绳南侧—台湾东侧海面进行侦察攻击。以伊江岛为中转地集结的海军飞机有零战、舰载轰炸机彗星、舰载攻击机天山等，共约600架。岩本却表示不安："虽说有600架，是相当多，但他们一次联合演习都不曾经历，是所谓凑数的部队。这果真能给敌人予以一大打击吗？"[4]

离开伊江岛后，由岩本指挥的中队（由8架飞机组成的编队）为2个舰载轰炸机彗星中队进行直接护航。因云层原因视野受限，之前组成编队的很多飞机便瞬间分散开来。出发后2个半小时左右，他们从云隙间看到下方的舰载攻击机天山编队，想前去直接护航，却遭到美军8架格鲁曼F-6F战斗机的突然攻击，3架天山很快就被击落。岩本等人虽然进行了还击，但未能捕捉到美机。在此期间，也就跟丢了原本负责直接护航的舰载轰炸机彗星编队。出发后4小时左右，岩本等人在下方云隙发现了美军的SBD舰载轰炸机编队，击落了其中3架。之后，下午5点多，从伊江岛出发约6个小时后，岩本中队的所有飞机在台湾高雄基地着陆。地勤人员为飞机补充了燃料及弹药，他们为次日的出击做准备。正要返回宿舍，两名参谋乘车而来，说道："明天要倾尽全力攻击敌机动部队，你（岩本）的中队从今天起听从高雄基地的指挥，请你们心里有数。"[5]从实际情况（下午5点多，遭到轰炸之后的高雄基地）和内容来看，参谋的发言或许是与角田听到的内容是一致的（但角田记忆中是14日，而岩本记忆中日期应该是12日）。有关此事，岩本回想道："这两名参谋也是因为敌人首次的轰炸，脑袋变得不正常了吧。擅自轻易地更改其他部队的飞机，简直让人忍受不了，没有必要理会这样的傻瓜，于是一言不发地去了宿舍。"[6]

第二天13日清晨，岩本中队与角田一样，无视高雄基地参谋的"命令"，按照原命令朝台南基地飞去，在那儿与从伊江岛出发的其他僚机会合。这样对"命令"的无视，也只有像角田和岩本这样的老牌飞行员，又是编队指挥官才能做到，新手指挥官的部队大概也就不明所以地盲从了吧。岩本的中队在8:00从台南起飞，一边为舰载攻击机、舰载轰炸机护航，一边在台湾东侧海面做侦察攻击，此时发现了F-6F战斗机编队，并与其展开了空战，击落了4架。就在此后，岩本的飞机发生了发动机故障，8架飞机撤离战场，在花莲港的陆军机场紧急迫降，下午2点多回到台南基地。下午4点左右,因为空袭警报响起,他们又紧急出动。来袭的是从中国内陆飞来的B-29轰炸机编队。岩本等人的日本战机完全没能追上高空轰炸后返航的B-29。对于岩本来说,台湾空战就是如此。岩本在台湾东侧海面与美军的战斗机、轰炸机展开空战,但因气象条件较差,他们并未看到任何机动部队以及对其进行攻击的日本战机,这一点与角田一致。

大捷报

与角田和男、岩本彻三所看到的不同,台湾海域空战开始后,最前线海军的鹿儿岛县鹿屋基地上,正为此次战斗获得大胜而欢舞沸腾。当时,大本营陆军部的情报参谋,陆军少佐堀荣三(1913年生,陆士46期)在当地出差,10月13日下午1点多,他在鹿屋基地见到了以下情景:

> 机场旁边的大型滑行跑道(指挥官、机组成员的等候室)的前面,下士官、士兵(从台湾空战返回的飞行员)十数人慌张地来来去去,几个幕僚正围着坐在大黑板前,向貌似司令官的将官汇报战果。
>
> "○○机,击沉航母(战舰?)亚利桑那!""好!辛苦了!"战果马上被写到了黑板上。
>
> "○○机,击沉'企业'号!""太好了!辛苦了!"战果又被写到了黑板上。这期间有来电。其他军官读起纸片。
>
> "太好了,太好了,击沉两艘战列舰、一艘重巡。"黑板上的战果不断变多。"哇!"的欢呼声也随之在滑行跑道内外沸腾。[7]

堀在此时十分疑惑:"谁确认的这些战果,又是谁审查了战果?"[8]堀通过对队员的询问调查后,确信一线海军航空部队的报告有含糊、夸大的内容。他向中央机构报告了自己的疑惑，但这已经是大战果上奏以及大本营发表之后，他的报告未能对整体局势的判断产生影响。

在官兵之间，也弥漫着获得大胜的氛围。第七〇一海军航空队攻击二五二飞行队的舰载攻击机天山的机组成员（电信员）、海军上等飞行兵曹世古孜（1924年生[9]，预科练乙种16期）在千岛列岛的最北端占守岛，10月12日8：00接到出动命令，中午时分作为36架飞机中的一架出发，途经横须贺，13日夜里抵达鹿屋。世古所在部队于14日清晨从鹿屋起飞，那时机组成员完全不知敌情。[10] 2个小时后，世古降落到冲绳本岛的小禄机场，此时"击沉敌航母、或击沉四艘的流言"已经纷传。说是在12日和13日的夜间战斗中，海军T部队（夜战·暴风雨天勇敢的鱼雷攻击部队，T是台风的首字母）战果丰硕。世古所在部队原预定14日作为第二波攻击队于14：30出发，在待命期间，"击沉九艘至十四艘敌航母"这一赫赫战果的传闻已然扩散开来，小禄基地"因战胜的气氛而沸腾"。[11] 基地的地勤人员也对被转为第二波攻击队（第一波攻击队于13：00出发）的世古等人逗趣地说："所有军舰都已击沉，机组成员现在出发，都没有可以击沉的军舰了。"[12] 前线基地有关确切获胜的传闻并未止于传闻，14日17：48，鹿屋的海军T部队指挥官久野修三大佐向联合舰队司令部作了如下报告：

十二日 击/炸沉航母六至八艘（其中包括正规航母三至四艘）
十三日 击/炸沉航母三至五艘（其中包括正规航母二至三艘）
其他两天也同样有相当多的舰艇被击沉[13]

同样的内容也传到了大本营[14]，获得大胜被当成确实的消息而被公认。10月16日，大本营将这一大捷上奏给昭和天皇，大本营发布了台湾海域空战击沉17艘（其中航母11艘）、击伤23艘（其中航母6艘）的战果。

"大战果"的实情

正准备向台湾洋面出击的舰载攻击机天山的电信员世古孜（前出），丝毫没有相信小禄基地地勤人员的话。因为世古等人在占守岛时，从经历了布干维尔岛洋面空战（1943年11月）的人那里听到了太多有关极难接近美军机动部队航母的事。美军舰队用雷达让迎击的战斗机事先在日军战机的进击路线上待命，日军即使突破此防线，还有战舰、巡洋舰等的主炮、副炮、高射炮等用雷达瞄准的长射程对空炮火。即使避开了这些，驱逐舰、航母自身的火箭弹和对空机关炮也是弹雨枪林，对准航母释放鱼雷，顺利的话100架飞机中有一成命中，弄不好就只有一二架飞机能命中。[15]因此，白昼攻击完全不可能，便要求他们在傍晚至夜间出动，避开雷达，在海面上空不超过30米高度飞行，或者直行不超过5秒（美军会向日军预定进击路线开火）等极高难度的技术。世古等人不知道的是，美军从马里亚纳海战时起，就已经使用了VT引信，提高了击落率。有布干维尔岛洋面空战参战经验的土桥贞一郎上等飞行兵曹甚至对世古等人说，"即使是拼尽全力冲入，也没法靠近排列成正规环形的航母。那些运输船或者是做掩护的辅助航母可以击沉，但击沉了那些对战局也影响不大"[16]，而且"没有汽油，没有船，兵器的精度也不高，要我们怎么打？"[17]然而，即便战争的现实情况如此，对于世古这些下士官飞行员来说，也只有出击这一个选项。

日军在这一战场投入了数百架的飞机，但其并非接受统一的指挥。比如，即使先行的侦察机或攻击队发现美军舰队，如果后续部队所属的航空队不同的话，无线电的频率也不同，就不能直接联络。发现敌机要先联络自己所属航空队的地面基地，基地再向其他航空队传达情报，然后才能联络到航空队所属的飞机，当时的日军采取了这种费事的信息传达方式。如此，即使发现了敌舰队，也难以集中战斗力，而且随着时间的推移，舰队也不会一直待在原地。因为这种情况，世古的鱼雷攻击编队在15：40从鹿屋基地获得的敌舰队的位置，实际是

13∶00的位置情报。[18]即便这样，世古的编队还是在17∶00之前，在约2万米处发现了以3艘航母为中心的美军机动部队的环形阵型。世古的舰载攻击机天山也立即突击，因为在靠近海面的低空打开了风挡，对空火炮的炮弹激起的水柱灌了进来。操纵员、侦察员、电信员（世古）三人都被海水浸得湿透，他们强忍着因紧张而引起的尿意，按照指示，略微调整方向和速度突入环形阵，对准巡洋舰投下了鱼雷。[19]世古等人为避开对空炮火的枪林弹雨拼尽全力，未能确认到战果。之后，他们花了3个小时左右的时间到达鹿屋，出击的36架飞机中，加上后来紧急迫降的飞机，一共只有4架生还。[20]台湾海域空战中，据估计日军丧失了约400架飞机，而美军方面的资料显示，10月12日至15日期间美机动部队的损失为：没有舰船沉没，6艘舰船受损（2艘航母、1艘重巡、2艘轻巡、1艘驱逐舰）。[21]

莱特湾海战与特攻作战

神风特别攻击队的出击

11月17日，台湾海域空战获得"大胜"的余音未消，海军第二〇一航空队所属的舰载轰炸机彗星侦察员、海军一等飞行兵曹小泽孝公（1924年生，预科练乙种16期）来到菲律宾吕宋岛马巴拉卡特基地。小泽曾经隶属的五〇一空（舰载轰炸机彗星、舰载攻击机天山）在6月的马里亚纳决战之际，从达沃飞往关岛之后遭到美机动部队舰载机的先发空袭，失去了所有的飞机，7月迁往菲律宾的宿务岛，但舰载轰炸机消耗过大，部队被解散，军官、士官回到了日本，小泽等下士官、士兵等机组成员被编入二〇一空。8月以后，小泽等舰载轰炸机队员在宿务基地接受了战斗机"挺进特别攻击队"的训练，指挥官为关行男大尉（海兵70期）。在这支部队中，1架舰载轰炸机彗星及9架零战组成一个编队,彗星作为诱导机,与搭载250千克炸弹的零战一同出击,彗星零战一同向敌舰进行俯冲轰炸(之后也进行了反跳轰炸训练)。关大尉解释,这种战斗机的俯冲轰炸,是因舰载轰炸机数量的严重不足而不得已为之。[22]

然而,小泽等人在训练期间,宿务基地也遭到美军战机的空袭,保有的120架飞机失去了七成。二〇一空将数十架残存飞机集中到马巴拉卡特基地,但在10月18日也遭到美机动部队约200架舰载机的大规模空袭。这是美军登陆莱特岛(20日)的预演,小泽等人马上奉命出击莱特,2架彗星以及20余架搭载了炸弹的零战从马巴拉卡特基地出击。[23]小泽的飞机在俯冲轰炸成功后,返回了宿务基地,但这一天生还的只有1架彗星及10架零战。

10月20日,小泽驾驶的彗星侦察完莱特湾,返回宿务基地。下午6点多,二〇一空的飞行长中岛正中佐与8架零战从马巴拉卡特基地一同飞来,在全体机组成员面前招募志愿加入特攻队的人。"从现在起,如若不采用一机击沉一舰的撞击战法的话,便没有出路……与我一同到来的机组成员,是在马巴拉卡特基地志愿加入必死、必杀、撞击攻击的特别攻击队的人。"[24]

> "有志愿加入者,请在晚上9点前将自己的军衔及姓名写在纸上装入信封,无意者就将白纸装入信封,交给前任下士官……无论是否志愿加入,都是你们各自的自由。即使不申请,也不会对你另眼相看……特别攻击队的出击预计从明晨开始……希望大家能充分考虑家人后再自行决定。我再次重复一遍,特别攻击队……是绝对不会生还的。"[25]

小泽犹豫再三之后,对自己说:"不管是否加入特攻队,反正也没法活着回去了吧。那样的话,倒不如拉着敌人的航母干干脆脆地死去吧"[26],便申请加入了特攻队。小泽的搭档飞行员大石定雄二飞行兵曹也是出于"反正也活不了"的想法而申请加入。正如中岛飞行长说的"明晨开始"。第二天,即21日,由久纳好乎中尉指挥的第一神风特别攻击队——大和队的2架悬挂了炸弹的零战以及护航飞机出击,只有久纳的飞机未归。久纳中尉是有组织的航空特攻作战出击中未返还的第一人。申请加入的小泽、大石搭档奉命从21日起进行莱特岛夜间轰炸,并未被编入特攻队。

莱特湾海战——"武藏"号战列舰的最后时刻

就在小泽孝公乘坐舰载轰炸机彗星到莱特岛进行夜间轰炸的11月21日晚,位于文莱停泊地的"武藏"号战舰正在举办庆祝明日出击莱特海域的大型酒宴。年仅17岁却已经是海军水兵长的高射炮分队测量员塚田义明(1927年生,海军练习兵即特别年少兵1期)正为今夜没有老兵要求甲板整队(一种用"军人精神注入棒"鞭打少年兵屁股的制裁)而欣喜。[27]通常,若是当上水兵长,一般不会成为那种私刑的对象,但塚田在"特年兵"这一新的制度下,15岁就志愿加入了海军,是一个引人注目的存在,故受到晋升较慢的老兵的妒忌。塚田从1943年12月起便搭乘"武藏"号,"武藏"号在美机动部队的大空袭之前逃离了特鲁克停泊地,在马里亚纳海战中也脱离了航母编队,所以这次出击莱特可以说是首次真正的实战体验。"武藏"号在马里亚纳海战后,装备了雷达和喷进炮(对空火箭炮),以及460毫米口径主炮用三式对空弹,内有1200个燃烧子弹头。这种炮弹爆炸后能击落方圆1千米内的飞机,塚田等乘务人员都因此而士气大增。[28]

10月20日,美军实施莱特岛登陆作战。日本海军将"瑞鹤"号等4艘航母为中心的机动部队作为诱饵,诱导美军机动部队向北,联合舰队大部分的水上舰艇(栗田舰队、西村舰队)趁机突击莱特湾,企图给予美军舰队和登陆部队一大打击。"航空特攻"也是支援手段之一。栗田舰队以"武藏"号、"大和"号、"长门"号、"金刚"号、"榛名"号等战列舰为中心,另拥有"爱宕"号(旗舰)、"高雄"号、"摩耶"号等10

艘重巡，2艘轻巡，15艘驱逐舰等，共计32艘船舶。作为别动队的西村舰队有"山城"号、"扶桑"号战列舰，1艘重巡，4艘驱逐舰，总计7艘船舶。

10月23日天亮前，栗田舰队逼近美军潜艇潜藏的巴拉望水道，"武藏"号战列舰取"Z"字形航线，塚田等人完成了规定的晨间训练后，正在准备吃早餐。突然，警戒的喇叭声响起，塚田跑回到高射炮的测量机高射机之时，在"武藏"号前方远处航行的"爱宕"号旗舰被鱼雷击中，紧接着"高雄"号、"摩耶"号也被击中，瞬间，"爱宕"号、"摩耶"号沉没。[29]栗田舰队虽然事先对美潜艇有所警戒，但也还是招架不住这么巨大的损失。塚田这些水兵也对指挥部萌生了不信任感，感叹道："他们到底在做什么？"[30]

第二天即24日，天未明，栗田舰队进入吕宋岛南边的锡布延海，塚田等人正要开始做早餐时，"对空战斗准备"的喇叭响起，他们各就各位。雷达探测到的敌机距离通过扬声器实时传达。10点多钟，"武藏"号的9门主炮同时开始炮击，对空战斗开始。在第一波空袭中，"武藏"号的右舷中部被1枚鱼雷击中，鱼雷没有穿破舷侧41厘米的装甲，而是弹跳到上甲板发生大爆炸，因此右舷中部的对空机枪群全部哑火。这时身在现场的塚田的众多机枪员同伴彻底变成了一堆肉块。[31]同时，由于鱼雷的冲击，管制设计的前部方向盘出现故障，主炮丧失了齐射能力。此后，到日落前，"武藏"号共遭到总计超过265架次的五波攻击，遭超过11枚的鱼雷袭击，左舷大幅度倾斜，丧失所有战斗机能。战斗开始9个多小时后的19:35，"武藏"号向左舷侧倾覆沉没。在漆黑的海面漂流了几个小时的塚田重新感受到死亡的恐怖。塚田比较幸运地被救助队的舰载艇救起，而众多同伴悄无声息地消失在大海深处。[32]

特攻队的变质

特攻队的组建最初就是一时的权宜之计。10月18日，第一航空舰队司令长官大西泷志朗中将命令组建特攻队，海军总部采取了追认的形式(大西司令长官事先得到及川古志郎军令部总长的私下同意)。这是依靠撞击的攻击方式,即使不能击沉美军航母,也要使其飞行甲板无法使用,阻止舰载机的起降,可以一时削弱美方凶猛势不可挡的空中战斗力。所以终于在莱特湾海战爆发期间,为支援水上部队而突入莱特湾,第一航空舰队实施了一时的权宜之计,悬挂炸弹的零战进行了有组织的撞击式攻击。

航空特攻作战的首个战果由10月25日出击的5架悬挂炸弹的零战取得,其隶属于由关行男大尉指挥的第一神风特别攻击队敷岛部队。此时,敷岛部队攻击美军"圣洛"号护卫航母(由商船改造),并将其击沉。在这前一天,美军"普林斯顿"号轻型航母(由巡洋舰改造),因非特攻的舰载轰炸机彗星的普通俯冲轰炸而无法航行,被总部判定为已沉没。而海军认定的敷岛部队的战果是"击沉一艘航空母舰、击伤一艘航空母舰并使其失火、击沉一艘巡洋舰"[33]。这比普通攻击的战果更加受到重视,10月26日上奏战况之际,由军令部总长及川古志郎向天皇进行了汇报。天皇对及川总长说道:"要做到这个份儿上啊,干得好。"[34]由于敷岛部队的战果,航空特攻在26日以后扩大了规模,原本是权宜之计的特攻变成了恒常战法,其性质发生了改变。

11月下旬,马巴拉卡特基地上,玉井浅一副长要求全体机组成员集合。彗星的侦察员、海军上等飞行兵曹(11月1日晋升)小泽孝公(前出)等23名下士官、士兵机组成员集合。玉井又一次招募特攻志愿者:"不勉强大家。志愿成为特攻队员的人向前迈一步,并报上自己的军衔、姓名、驾驶机种。"[35]小泽、大石这组搭档又一次提出了申请,但三名下士官机组成员没有申请。其中一人大胆地说:"如果是在通常的攻击中中弹死掉那也就算了,出击之前就知道自己会死,这样的攻击我不想去。"另外一人则回答说:"如果全体人员都申请的话,我们加入也无妨。"所谓"如果全体人员申请",指的正是站在玉井副长身旁,催促别人申请,自己却丝毫没有加入之意的大尉。但是玉井却无视这一点,说"基本上所有人都志愿加入了啊,还在犹豫的就只有你们了"。最终，剩下的三人互相看了看对方，点头道："那我们就加入吧。"（36）从第二天起，马巴拉卡特基地特攻队进行了三次出击（隔日），犹豫是否加入的三人被派到第一波攻击队（共八人）进行出击，结果无人生还。

在此前后（11月下旬），在台湾海域空战中幸存下来的零战老牌飞行员角田和男特务少尉（前出），也身在宿务岛的二〇一空。他看到一名士官机组成员接到命令，预定在这天傍晚撞击莱特岛塔克洛班的栈桥。其向二〇一空飞行长中岛正中佐请求道："怎么说撞栈桥也太可惜了。哪怕是条空船也好，至少也得是个运输船啊，请改变目标吧。"但中岛飞行长大声呵斥道："不准抱怨，特攻的目的不是战果，而是死亡。"那名士官心灰意冷地去了。（37）

特攻队的"真意"

11月下旬，角田和男特务少尉（前出）率3架零战，从宿务岛被派至达沃。角田已经申请加入特攻队，但二〇一空中岛飞行长让他担任本次特攻机的诱导护航任务。然而在中岛飞行长写给第一航空舰队参谋长小田原俊彦大佐的信中，指明让角田直接护卫诱导机冲入敌机群，成功后也让角田"单独撞下去"。（38）角田感觉像是被二〇一空的指挥欺骗了一样，有一丝不快，但他刚加入，便回答："原本没听过此事，既然这样那我就会做。"小田原参谋长从前任参谋那里听说过角田是"拉包尔击落王"的事，便小声说道："玉井君（二〇一空副长）也是非常难办啊。这并非最终时刻，所以才会好说歹说要在人选上慎重吧。"（39）

角田等人的出击行动预定在第二天实施，所以在那一夜举办了壮行会。小田原参谋长问："大家已经仔细听了特攻的宗旨了吧？"角田回答："听了，但不十分明白。"于是参谋长开口道："是吗？那我就再一次简明地说一下。"于是开始讲述小田原一人从第一航空舰队司令长官大西泷次郎中将那里直接听到的对特攻充满"真意"的一番话。据说大西只对小田原讲了这些。

(依靠特攻的莱特防卫)此次几乎没有胜算。大西也不会蠢到认为这次会成功。那既然没有胜算为何还要强行实施呢?可以相信的有两点:第一点是……天皇陛下如果听说此事,必定会下令停战;第二点是,最终哪怕是以任何一种方式媾和,但日本民族在面临存亡之际,也曾有一群年轻人挺身而出。且陛下听到这里,用自己的仁心终止这场战争,只要这留存于历史……日本民族必将再次复兴。[40]

前线官兵若是能做到这一地步,天皇必将断然停战。这果真是大西的真意,还是小田原自己的"诠释",却不得而知。

次日以后,角田等人数次从达沃出击,但因天气欠佳或无法确认预定地点而反复回到基地。角田相信了小田原参谋长所说的"特攻的真意",并向年轻飞行员讲述通过牺牲自己可以换来战争的结束。但12月27日,在马巴拉卡特基地,角田却被预科练同期的零战飞行员滨田德夫特务少尉狠狠批评了一番:"角田,你啊,领了神风刀(加入特攻队)是吧!看你的表情我就知道。那东西给我还回去。"

我们是相信能够胜利才拼命斗争到现在……现在,他们说除了特攻没有其他的获胜方法。如果知道必将战败,就应该爽快地投降。开战责任人就该全部剖腹谢罪。(角田)你说特攻是为了获得有利的媾和条件而采取的最后手段,那这种事只会延长媾和的时间,牺牲也会越来越多。就是有像你这样的蠢货,飞行员才会志愿加入。[41]

角田原本想,若是跟滨田说说小田原参谋长所说的"特攻的真意",那他应该也会明白,不过因为旁边有人,他也只能沉默不言。此后加入了特攻队的角田,也一直没有机会实施特攻,而滨田却在冲绳战役中阵亡。

莱特湾决战的战况

支撑菲律宾空战之因素

菲律宾之战中,并非从首战开始,而是在战斗打响之前,日本就在美军压倒性的空中力量单方面的碾压之下展开。早在1944年9月这一阶段,在菲律宾的日本陆海军空中力量就因美机动部队的先发奇袭而遭到重创,在未能进行补充的情况下,便又投入到了莱特湾决战之中。说起来,自2月的特鲁克岛以来,6月的马里亚纳群岛,到9月的菲律宾群岛,10月的冲绳本岛,日本一直持续遭到美军舰载机的突袭。日军在重要战役中一直处于被动的位置,最大的原因就是对空雷达配备的迟缓及其运转效率低下。

7月31日,登上吕宋岛的陆军少尉山田正巳(1922年生,名古屋高等商业学校毕业)乘坐的运输船"第一小仓丸",在巴士海峡被美军潜艇的2枚鱼雷击中,运输船免遭沉没,好不容易到达港口。此次山田等人乘坐的驶向菲律宾群岛的17艘运输船中,有4艘沉没。[42] 1942年9月,从名古屋高商毕业后就马上被征召的山田,进入丰桥陆军预备士官学校,毕业后进入到航空通信领域,1944年7月刚晋升为少尉就被送往菲律宾群岛,到马尼拉第四航空军(第四航空军是菲律宾群岛方面航空作战的最高司令部)第二航空通信团司令部供职。通信团的主要任务有特种情报(监听、分析敌人的通信)、航空情报(雷达与目视的监视)、对空通信(与航空器的通信)、航空通信(与基地的通信)。[43] 在菲律宾群岛,与航空相关的情报与通信均集中在通信团。

山田少尉就任时,通信团司令部正倾注全力于在菲律宾群岛配备雷达,以及完善米沙鄢(中部菲律宾群岛的总称,包括内格罗斯、宿务、莱特、萨马尔等岛)的机场。然而,由于运输船的沉没,雷达器材到达时间推迟。9月12日米沙鄢全域遭到美舰载机的大空袭之时，陆军的雷达（电波警戒器）以及海军的雷达（电波探知器）按计划应已起作用，也因实际没有配备或配备了却还在检修（故障）之中，而没有事先探测到美军飞机。[44]应该在实施巡逻飞行的陆军司令部侦察机也没有传来情报，山田所在的通信团司令部仅凭现场不断传来的空袭情报获知美军编队的所在位置。21日，马尼拉和克拉克基地遭到空袭，这时的日军雷达也没有探测到，通信团司令部是通过附近高射炮的炮击声得知发生了空袭。[45]在这种状态之下，有组织的游击战根本无法进行。9月底，开发陆军雷达的核心机构，多摩陆军技术研究所派来的技术军官以及技师到达菲律宾群岛，通信团加紧作业，期望至少要在吕宋中南部的太平洋岸让雷达工作起来，结果因器材不足而未能赶上莱特岛战役。当时能够工作的雷达仅有两部[46]，而且不知何时会出现故障。

日军在这样的状态下迎来了莱特岛战役，预定在10月24日发动"航空决战"，陆军也投入了最新锐的四式战斗机疾风（Ki-84）部队。山田去克拉克基地见到了期待已久的战斗机。接待的地勤人员讲道："驾驶Ki-84是很难的。非常棘手。尤其是电气系统十分复杂……像我们这样的老兵突然被征召，简直忙得团团转。"[47]虽然匆忙检修了新型战机，但由于没有形成可以支撑的态势，疾风的开动率实际很低。

中国战场——攻占桂林

在莱特发动"航空决战"的10月24日，在中国广西由陆军中尉佐佐木春隆（前出）担任作战主任、步兵炮队长的第四十师团第二三六步兵联队，从前一天开始了向桂林方向的行军。一号作战——豫湘桂战役进入到终盘。从6月持续到8月的衡阳攻防战[1]中，佐佐木所在的联队已极度疲劳，然而在此之后到9月中旬，他们又被命令对中国军队进行距离长达250千米的长途追击战。在日夜兼程的强行军期间，到了晚上还总是在本部的行军纵列附近听到枪声和手榴弹的爆炸声，不断有忍

1　中方称之为"衡阳保卫战"。——译者注

受不了行军痛苦的补充兵自行了断的情况。[48]佐佐木的联队由湘入桂，暂且驻扎在一个叫"四板桥"的地方，大约休整了1个月的时间，为下一次的作战进行训练。其间，佐佐木领取了作战地图，这是一张以桂林为中心的小区间的地图，比例尺为五万分之一。鲸兵团（第四十师团）必定会在桂林打上一仗了。从地图上来看四板桥到桂林约130千米，徒步行军的话是7天左右的距离。

就在去往桂林的行军开始之前，台湾海域空战的"大战果"也传进佐佐木等人的耳朵，官兵的气势高涨，称"神风开始刮起来了"。[49]然而行军开始后不久，便从因攻占桂林而从"满洲"调来的战车第三联队的军官那里听说，"三四天前，美军已经在莱特岛登陆了"[50]。佐佐木得知莱特岛在菲律宾，对战况的窘迫十分惊讶。他心想，在中国内陆拥有基地的美陆军航空部队也被派到菲律宾群岛方面参战，攻占桂林应该会加速吧。然而实际上，在菲律宾群岛方面的美军进行的空战中，陆军是从新几内亚西北方面，海军是通过航母机动部队进行，日军向桂柳方面的进击对莱特岛决战起不到任何作用。

10月29日，第四十师团进入桂林平原后，第一次见到笋状岩石林立的景色，让佐佐木等人叹为观止。可听见从远处的桂林市内传来地鸣似的连续爆炸声，师团司令部判断此爆炸声为中国军队为从桂林撤退，破坏、烧毁市内重要设施的声音，并命令佐佐木的联队立即冲入桂林市内。联队长小柴俊男大佐对作战主任佐佐木劲头十足地说："此次一战，是我一生当中的重要舞台……对些许的牺牲就闭一只眼，无论如何也要给我策划出能立功的（战斗）。桂林头阵就靠你了。"[51]佐佐木并不认为那是中国军队从桂林撤退，他们一边做着从城门（北门）突入的准备，一边观其迹象，而其他师团的部队以为佐佐木联队已经进入桂林市内，于31日半夜欲从城门入城，却遭到城内中国军队的猛烈反击，并被击退。第二天，坦克第三联队也欲从同一城门突入，同样被击退。他们这才清楚，中国军队正在死守桂林。根据佐佐木的观察，中方的桂林防卫态势看起来没有死角，硬是要发起某种进攻的话，只能从邻近桂林市的桂江[1]上实施敌前渡河，然后一举突入市中心。但是渡河部队大概会落得"半身不遂"吧[52]，佐佐木事不关己地思忖着。之后，正如佐佐木所想，指挥第四十师团的第十一军司令部下令实施桂江敌前渡河来攻占桂林，而担任此项艰巨任务的却是佐佐木的步兵第二三六联队。

中国战场——警备与征发

从1944年4月起，第十一军开始在中国大陆进行大规模的侵略作战——一号作战（豫湘桂战役）。日军占领区内的警备兵力严重不足，为了补充前线的士兵，尽管南方战况恶化，还是有大批士兵从日本国内被送往中国战场。陆军伍长小平喜一（1919年生，1939年现役征召）在华北战线上完成了3年7个月的战地执勤后退伍、回国。1944年3月再度被征召，被分配到在宇都宫组建的第一野战补充队。小平等人经由青岛被送往南京，之后沿着扬子江连日徒步行军，1个月后到达了武昌。第一野战补充队隶属于第十一军，小平等人坐船途经洞庭湖，溯湘江而上，7月份到达补充队本部所在的湖南湘潭。日军已完全丧失制空权，在卸货的过程中，被飞来的美军P-40战斗机扫射、轰炸，所乘船只被击沉，30余人战死，数百枚装有汽油的铁桶爆炸、被烧毁。[53]

小平所在的第一野战补充队第二大队在衡阳攻防战中，从湘潭途经涟水，到了一个叫湘乡的县城，实施警备，就地驻扎。第三十七师团最近刚过湘乡，市内房内的物品，不管是粮食还是衣物等用品，都统统被拿走，十室九空。掠夺衣物等用品，并非为了使用，而是把这些卖了换成钱，或者做物物交换的筹码，换酒、换香烟等。[54]途经的部队只图作战胜利，不顾其他后果，以"征发"为名进行彻底的掠夺，毫无愧疚之心。警备部队也是大同小异，粮食原则上是就地筹措，所以时常以"治安肃清"为名遣派征发队。第十一军和补充队司令部虽然明令禁止掠夺，筹措物品必须付款，没有钱款时必须给出延期付款的

---

[1] 这是日本的称呼，中文名"漓江"。——译者注

凭证等，但粮秣没有补给，大队或中队征发得来的缴获物也并不能平分给所有士兵，所以士兵也会以小队、分队为单位，或者是四五个人、两三个人成群结队，外出去征发。[55]在这种情况下，百姓因惧怕日本兵而出去避难，习惯了野战的老兵就闯入空无一人的房屋，从橱柜、墙壁、天花板、地下翻出居民隐藏的物品，全部拿走。进一步习惯了征发以后，即使百姓在家也会破坏房屋，掠夺隐藏物品。

日军长期警备、驻扎的地区，当地居民也不能一直避难不归，所以一部分人会回去，还出现了一些想要卖东西给日军的人。日本士兵拿到的工资是储备银行券（由汪伪政权发行的纸币），并不受中国人的欢迎。小平驻扎湘乡期间，工资是20日元左右，一盒有20支的香烟要50元储备券，所以钱包很快就瘪了。[56]中国人最相信的是银币、蒋介石政权的法币，还有被称为"老票"的印有蒋介石政权印的旧纸币，以及美国关税局证票券（通称"关银券"）也能流通。因此日本士兵在征发之时会在屋子各角落到处翻找比储备券价值更加稳定的法币、"老票"以及"关银券"。小平所在的大队中，对储备券的评价不佳，于是本部的主计官[1]给各中队分发了装满整整一柳条箱的"关银券"。这些"关银券"都是没有一点折痕的全新票子，百姓识破了这些都是伪钞，但比起储备券还是欣然接受了。[57]事实上，这些"关银券"是陆军登户研究所印刷出来的伪造纸币中的一种。[58]

中国战场——"治安"维持会与"慰安所"

警备、驻留期间的日军会让当地百姓组建"治安"维持会。表面上是日军维持"治安"，保证百姓安全，但以百姓向日军提供情报、物资、人力为代价。在日军驻留地内，有为了获得特权和利益混在一般民众和商人中对日军吹嘘拍马者，也有为获取情报而接近日军者等，聚集着各种别有意图的人，所以"治安"维持会的骨干是借日军之威而中饱私囊的汉奸，以及重庆方面、八路军方面的谍报员等三教九流之人。[59]

---

1 日本旧陆海军中负责处理会计、供给的职务名。——译者注

日军要求"治安"维持会提供的东西当中，重要的一项是女性。驻扎在湖南湘乡，小平喜一伍长（前出）所在的第一野战补充队第二大队队长（少佐），就私藏了一名在"治安"维持会登记的女性当情人。[60]大队长如此，小平的中队长也提道，"跟'治安'维持会交涉了，让他们介绍女人"，至于结果怎样，小平并未记录。中队的下士官也会有人经常往来于特定女性的住所，也有人在那里过夜。对于此事，"只是羡慕，没有人进行责备，也没有人谴责他们的长官"。[61]中队宿舍正对面住着一位带着3岁左右小孩的独居女性，不清楚她到底是怎么养家的。在好奇心的驱使下，士兵们踏进了女人的家门，但因为靠中队办事处太近，如果出声，就会被听见，士兵们便敬而远之。某一天，小平还是出于好奇，去了女人的家中，女人拿出香烟和酒来招待，也谈及了自己的境遇。小平用蹩脚的中文和笔谈询问她，为什么还要回到可能会被日军胡来的地方呢？女人笑了笑敷衍了过去。之后，小平又去了好几次那里，女人说："日本马上就会被美军占领而败战……为了人身安全最好现在投降。可以和我一起逃走，也可以跟着中国军队走，若是想成为一名市民度日的话，我可以负责任地保证你的安全。"[62]原本以为这只是一名带着孩子的娼妇，没想到却有这样出人意料的言谈，这让小平内心十分震惊，以致彻夜无眠。

小平的中队长再三向旅团（第一野战补充队）司令部交涉，要在湘乡开设"慰安所"，小平原认为这实现不了，但"治安"维持会设置了"慰安所"，中队长以及很多军官、下士官以及若干士兵在这里出入过。[63]小平伍长作为中队的人事主管，管理由军队分发的"突击一番"（卫生套，即避孕套），却不知道开设了"慰安所"，这实在是令人不解。该"慰安所"并非军队官方开办，而是现地部队让当地有影响力的人以及"治安"维持会来负责集合女性，设置成立"就地筹措"型慰安所。小平管理的"突击一番"不知不觉间也就没有了。对士兵来说，"突击一番"原本也不光是针对"慰安所"，而是在携带食盐、正露丸、火柴等物品时的必需品（用作防水、防潮的容器）。

宪兵队到来之后，湘乡地区的"治安"看似有所好转，平日穿着"中国服"的宪兵们由不知从哪里找来的年轻女性陪侍着，对"治安"维持会的领导施以怀柔之策，傲慢极了。[64] 1945年3月10日，小平的补充队被改编为独立混成第八十一旅团，旅团长是一名五十来岁的少将。旅团长甫一上任，就要求有"彻夜服侍的女人"。旅团副官便立即命"治安"维持会安排了女人。[65] 送给旅团长的爱妾是个年仅16岁的少女。

中国战场——军纪败坏

日军官兵在中国战场长期驻扎期间，军纪败坏。小平喜一伍长（前出）所在的第一野战补充队从本部分离出来，被分配到铁道联队第四大队。1944年9月，这里发生了一件前所未闻的丑闻。第四大队是在"满洲国"的辽阳由关东军下属众多部队派出的士兵组建而成，由籍贯分别为22个道府县的士兵构成，被称为缺乏团结意识（乡土意识）的"世上少见的混杂部队"。[66] 一般在日本陆军部队中，上级司令部命令将一个大队分配到其他师团或联队时，通常都是将好的大队留下，差的大队调走，这是通病。将最优秀的大队调走被认为是种"战场道"，若是按照这样的方针，将有战斗力的大队送走，便等同于削弱了自己的战斗力。第一野战补充队司令官奉命抽调一个大队之时，便将补充队中首屈一指的"混杂部队"第四大队派到了铁道队。此外，作为接受方的联队安排一些轻松的工作给分来的部队，困难的工作给其原下属部队，这也被认为是"战场道"，但实际上，不少联队长都会派给分来的部队最艰难的任务。第一野战补充队第四大队马上就被安排投入到了艰难的战斗当中，大队在一天的战斗中就造成了一名军官（小队长）战死，十几名军官死伤。第三中队长对此始料未及，大声斥骂部下军曹是"卑鄙的家伙""下士官中的渣滓"，并断言，下次战斗中"把你派到死地。你的小命也就还有一周了，给我记好了"。[67] 军曹收到中队长事实上的死刑宣告，想不开，在当夜向中队长室扔了一枚手榴弹，中队长当场死亡，同屋的少尉也负了伤。事后，该军曹在军法会议上被判处死刑,被枪杀。[68]

此后,第一野战补充队依旧丑闻频发。1945年1月,隶属于小平所在的第二大队的第二中队中,一名一等兵被送往了位于湘潭的宪兵队。这名老资格的一等兵毫无顾忌地当面威胁长官:"你要是以为子弹只会从前面飞过来,那就大错特错了。"此外,他也不务正业,又是喝酒,又是赌博,还涉及秘密贩卖物资,经常持有巨款。[69]中队实在忍无可忍,以"对长官施暴"的罪名将这名兵痞子送去了宪兵队。但这一等兵还不死心,在宪兵队板着脸说道:"比起我来,那些劣迹斑斑的军官你们又怎么处理?"然后告发了第二中队队长T大尉的恶行。第二大队第二中队负责警备的云湖桥,是连接日占区与敌区物资流通的要地,拥有地利的该中队以"征发流通物资"为名进行巧取豪夺。中队长T大尉私自将征发而来的物资卖给中国商人,挣了大钱。这一时期,在日本国内,一个月若有100日元,生活便不愁,而据说该大尉一次就从湘潭的野战邮局汇款3000日元到日本的家中。[70]无论是兵痞子,还是在战场上成了暴发户的大尉,他们的行为都太过惹人注目,给其他驻扎部队带来了巨大的恶劣影响。因此宪兵队以及上级司令部——第二十军司令部也不能睁一只眼闭一只眼,大尉因隐匿、侵吞物资,非法敛财而被追责,被剥夺军衔与勋位,降为陆军一等兵,并强令其自尽。

小平伍长所在的第三中队的中队办公室里,暂存了大尉自尽后的骨灰。白木盒子上,用比其他骨灰盒小很多的字体写着"故陆军一等兵"的字样。

注

(1)角田和男『修羅の翼——零戦特攻隊員の真情』,光人社NF文庫,2008年/初出:光人社,2002年,第379页。

(2)同前。

（3）同前，第380页。

（4）岩本彻三『零戦撃墜王——空戦八年の記録』，光人社NF文庫，1994年/初出：今天の話題社，1972年，第319页。

（5）同前，第324页。

（6）同前。

（7）掘栄三『大本営参謀の情報戦記——情報なき国家の悲劇』，文春文庫，1996年/初出：文藝春秋，1989年，第160—161页。

（8）同前，第163页。

（9）世古孜的著作中并未写明生年，但在世古孜『雷撃のつばさ——海軍下士官空戦記』，光人社NF文庫，1997年/初出：光人社，1986年，第56页中有"短短二十年不到的生命"的记述，所以姑且推断他是1924年出生。

（10）同前，第83页。

（11）同前，第95页。

（12）同前。

（13）「T部隊指揮官発　十月十四日一七四八受　電報」，第二復員局残務処理部資料課『台湾沖航空戦竝関連電報綴（昭和十九年十月十日—二十日）』（防衛庁防衛研究所図書館所蔵）收录。

（14）「聯合艦隊司令部発　十月十五日〇〇五五受　電報」，同前『電報綴』收录。

（15）前述世古『雷撃のつばさ』，第26—29页。

（16）同前，第30页。

（17）同前，第31页。

（18）同前，第104页。

（19）同前，第106—110页。

（20）同前，第121页。

（21）米国海軍省戦史部編纂、史料調査会訳編『第二次大戦米国海軍作戦年誌1939—1945年』，出版协同社，1956年，第183—184页。

（22）小澤孝公『搭乗員挽歌——散らぬ桜も散る桜』，光人社NF文庫，2002年/初出：光人社，1983年，第147页。关大尉原本是专门进行俯冲式轰炸的舰载轰炸机飞行员。

（23）同前，第192页。

（24）同前，第217页。

（25）同前，第217—218页。

（26）同前，第219页。

（27）塚田義明『戦艦武蔵の最後——海軍特別年少兵が見た太平洋海戦』，光人社NF文庫，2001年／初出：光人社，1994年，第179页。

（28）同前，第166—167页。

（29）同前，第182页。

（30）同前，第183页。

（31）同前，第190页。

（32）同前，第206—208页。

（33）富永謙吾『大本営発表の真相史』，自由国民社，1970年，第201页。

（34）猪口力平、中島正『神風特別攻撃隊』，河出書房，1967年，第111—112页。

（35）前述小澤『搭乗員挽歌』，第276页。

（36）同前，第277—278页。

（37）前述角田『修羅の翼』，第435页。

（38）同前，第438页。

（39）同前。

（40）同前，第442—443页。

（41）同前，第450—451页。

（42）山田正巳『ぼくの比島戦記——若き学徒兵の太平洋戦争』，光人社NF文庫，2008年／初出：元就出版社，2000年，第34—36页。

（43）同前，第60页。

（44）同前，第70页。

（45）同前，第72页。

（46）同前，第81页。

（47）同前，第96页。

（48）佐々木春隆『B29基地を占領せよ——10個師団36万人を動員した桂林作戦の戦い』，光人社NF文庫，2008年／初出：『桂林作戦』，図書出版社，1989年，第129、136页。

（49）同前，第168页。

（50）同前，第172页。

（51）同前，第180页。

（52）同前，第205页。

（53）小平喜一『湖南戦記——知られざる中日戦争のインパール戦』，光人社NF

文库，2007年/初出：私家版，1980年，第58—59页。

（54）同前，第66页。

（55）同前，第68—69页。

（56）同前，第69页。

（57）同前，第70页。

（58）山本憲蔵『陸軍贋幣作戦——計画・実行者が明かす中日戦秘話』，現代史出版会・徳間書店，1984年中列出的伪钞目录中没有"关银券"，但登户研究所当时有美国制纸币的伪造记述，所以也存在伪造了"关银券"的可能。

（59）前述小平『湖南戦記』，第70—71页。

（60）同前，第77页。

（61）同前，第78页。

（62）同前，第80页。

（63）同前，第82—83页。

（64）同前，第103页。

（65）同前，第116页。

（66）同前，第96页。

（67）同前，第98页。

（68）同前，第99页。

（69）同前，第109—110页。

（70）同前，第112页。

第六章

"玉碎"与生还：从战败到复员
（1945年1月—9月）

吕宋岛持久战的战况

逃出马尼拉

从1944年10月开始的莱特岛决战，日军在最初的空战中就被美军压制，丧失了制空权的日军在海战和陆战中惨痛败北。大本营陆军部退回了由现地第十四方面军（司令官山下奉文大将）呈报的有关放弃莱特岛决战的意见，不断介入战役。直到12月19日，已经到了束手无策的阶段才决定放弃决战。放弃莱特岛决战后，大本营尤其是陆军部的关注重点立即转移到了本土决战。这一变化在现地菲律宾也十分显著。

美军在莱特岛确保了航空基地及出击据点后，1945年1月9日，大部队开始在吕宋岛中西部的林加延湾登陆。山田正巳少尉（前出）所在的第四航空军中，汇总通信、情报的第二航空通信团司令部等通信相关部队，于1月10日左右从马尼拉乘坐汽车撤退。[1]第十四方面军的主力（尚武集团）从马尼拉方面途经要冲巴莱特岭，向吕宋北部移动。山田等人与航空相关的地面部队，则向巴莱特岭东北100多千米以外的埃查格基地移动。由于他们在这一阶段已经失去了大部分战机，所以他们现在的任务就是想方设法安排运输机，将尽可能多的老牌飞行员、技术员、地勤人员送回日本国内、中国台湾等安全地带。与航空有关的司令部以及地面部队，要么被编入了第十四方面军的陆战部队，要么充当其补充力量。然而山田等基层军官不知情的是，这些航空部队的总指挥官，第四航空军司令官富永恭次陆军中将，在未得到南方军及第十四方面军的同意下，擅自撤退到了台湾。

4月，第二航空通信团司令部迁往埃查格基地以北40千米的一个叫"卡瓦延"的城镇。通信团司令部在那里被改编为临时独立第二步兵团司令部，指挥一支混杂部队。因要实施司令部防卫，分配给司令部重机关枪、轻机关枪各1挺，掷弹筒2个。同时，山田少尉也成为了一支名字夸张的部队之长，这是由重机枪、掷弹筒及约30人组成的"重火器小队"。山田毕业于丰桥预备士官学校，对掷弹筒的使用有一定信心，重机枪也仅在使用了一天之后就熟记了喊口令的方法。[2]作为一名毫无实战经验、不了解重机的小队长，山田心中很没底，幸好队里有一名机关枪中队出身的伍长。6月初，巴莱特岭最终被北上的美军突破，山田等人的临时独立第二步兵团从卡瓦延撤离。途中，部队纵列屡次被美菲联军的游击队弄得焦头烂额。游击队持有自动步枪，"重火器小队"哪里能击退他们？为了不让对方发现己方已经精疲力竭，山田小队长考虑到，一味地逃窜也不是办法，试图用掷弹筒应战。但关键时刻掷弹筒却一发都发射不了，最终没能打响战斗。这是因为在移动之时，掷弹筒的炮弹浸了水，用于发射的装药因为受潮导致无法使用。[3]体力透支的士兵不顾危险运来的沉重的掷弹筒炮弹，在重要关头却掉了链子。一同撤退的司令部士兵，也毫无例外地患上了疟疾、阿米巴痢疾，也有士兵在行军途中自行了断。即使这样，山田的部队也是非常幸运的，驻地沙力克村里大米富足，部队征发了大米，没有受到饥饿的困扰，也没有卷入大规模的战斗，安然迎来了8月。

巴莱特岭

1945年3月初，第十师团辎重兵第十联队的陆军一等兵石长真华（1918年生，1938年被征召），在吕宋岛巴莱特岭负责构筑阵地。[4]石长在1944年8月再度被征召，先去了"满洲"的佳木斯，后前往台湾，在大本营放弃莱特岛决战之时，被派到了菲律宾群岛。石长等人乘坐的运输船"乾瑞丸"[5]在12月23日快要到达目的地吕宋岛北部圣费尔南多之时，被美军潜艇的鱼雷击沉。美军登陆林加延湾的同时，勉强捡回一条命的石长等人，被安排了从马尼拉到巴莱特岭方向的弹药运输任务。但因兵力及弹药不足，1月15日运输任务暂停，他们又前往巴莱特岭南侧的"妙高山"（日军随意取的名称）构筑阵地[6]，投入到阻止美军从马尼拉方面北上的作战之中。巴莱特岭位于吕宋岛南部平原和日军第十四方面军主力尚武集团据守的北部山区的连接之处，是马尼拉通往吕宋北部阿帕里的"五号公路"的战略要冲。以巴莱特岭为中心的防卫阵地带若被突破，日军在吕宋岛的持久战便无法继续。

虽说石长等人在修筑阵地，但缺乏修建阵地的材料，于是士兵们要么在山上挖横洞，要么挖单兵战壕（猫耳洞），来躲避美军连日的炮轰与枪击。白天日军为躲避美军压倒性的火力而只能躲在阵地里，对他们来说，唯一的反击就是夜间实施少数人参加的"敌阵突击"。

石长一等兵记得在4月的某一天，自己也参加了"敌阵突击"，在返回时没找到自己大队的阵地，他一个人在密林里游荡，此时遇到了一名在大榕树下点着火的步兵联队的士兵。那名士兵说："我，已经放弃了战争……士兵，我也不要当了！""战争能救得了谁？只有那些活下来的人啊。"一边说着，一边劝石长吃饭盒里煮的不知从哪里弄来的肉，还提议一同向美军投降。[7]石长心想，"真是一个让人大跌眼镜的家伙"，当他要离开那里时，那名士兵从背后向石长开枪，石长也朝对方扔了手榴弹才好不容易逃脱。石长不禁想道，那名士兵大概一开始就想杀死自己弄点"肉"吧。石长一直迷路，疲惫不堪地回到部队，却被怀疑是在敌人阵地前逃亡，联队副官甚至对他说要"处以枪毙"，最后石长被关进了禁闭室。石长的分队长、一名曹长（石长故乡的前辈）恳求暂停行刑，保证在下次的突击中安排他到必死之地。[8]

4月下旬，曹长率领石长分队的7人，发起了第四次突击。在夜袭美军帐篷之时，一人战死，石长大腿部也受了贯通枪伤。石长等人回到自己的大队之时，部队已经瓦解（大队长也已经战死），联队本部也已撤退。[9]此后，石长等人沿着巴莱特岭东侧的山岳地带一直向北移动。若走平地，会碰上美军或游击队，所以日军特意走的是山岳地带，然而在此等待他们的是疟疾，以及饥饿。在行军途中，因争夺当作食物的水牛肉，石长等人也杀害了其他部队的军官[10]，甚至因为饥饿难耐, 还切下在路旁毙命的熟识的日本兵身上的肉来食用。[11]

米沙鄢战役——内格罗斯岛

在菲律宾群岛这个战场, 日军在吕宋岛上投入了28.7万人, 在由班乃、内格罗斯、宿务、莱特、萨马尔等岛构成的米沙鄢地区投入约15万人, 在棉兰老岛上约有10万人的陆军部队。无论是哪个地区, 日军为了避开美军陆海空的猛攻, 都让大部队转移、驻扎在食物匮乏、补给困难的山岳地带, 所以官兵饱受饥饿之苦。

1945年5月, 位于菲律宾第四大岛内格罗斯岛上曼达拉甘山山脚的"东太郎山"(日军随意取的名称)阵地, 第一〇二师团工兵队本部人员、陆军一等兵谷村平八(1917年生, 1944年被征召)奉本部副官之命, 烧掉了数百册师团工兵队所有人员的功绩簿。[12]装在满满两大箱柳条箱里的功绩簿, 是师团工兵队副官部运到山岳地的最后的重要文件。功绩簿是记载了部队全体官兵(包括战死、病死的官兵)个人的军队履历、功绩账簿, 将其处理就代表着全体官兵失去了今后晋级、论功行赏、遗属补助等最重要的参考资料。本来, 哪怕部队"玉碎", 也应该设法将这些送到上级司令部或后方部队, 所以师团工兵队副官部的考功负责人谷村才会在每次的转移之际, 不管道路如何崎岖难行、困难重重, 翻山越岭也一路搬运了过来。

原就职于高知县政府的谷村于1944年4月被征召, 27岁时作为新兵从军。6月30日在内格罗斯岛西部的塔利赛登陆, 作为工兵队的一名士兵参与机场的修建。当时, 陆军判断内格罗斯将成为米沙鄢地区空战的主要基地, 便加速了巴克洛德、锡莱、塔利萨延"航空要塞"的修建。在几乎没有土木工程所要求的必备机械的情况下, 谷村等人光靠镐、锹、畚箕的体力劳动, 在烈日炎炎下连续数日进行着高强度劳动, 他们的体力极速下降, 从而使疟疾、登革热在部队中蔓延开来。[13]即使这样, 他们还是基本完成了滑行跑道、排水沟、掩蔽壕的修建, 但在9月24日以后, 由于遭到美军战机多次空袭, 内格罗斯的"航空要塞"

被彻底破坏。尽管之后经历了反复修复与破坏，"航空要塞"最终依然未能投入实战。10月1日，谷村一等兵作为师团工兵队本部（副官部）的考功负责人，到锡莱任职。莱特岛战役开始之后，10个工兵队中队有4个中队被派往莱特岛。与此同时，抗日游击队开始活跃，工兵队也派出了讨伐队，其间发生过士兵一人夜间外出时遭到惨杀的事件。[14]日军将疑似是游击队间谍的人抓来，在众人面前斩首，这更加深了菲律宾人对日军的仇恨。[15]

1945年3月29日美军从内格罗斯岛西部登陆，谷村等人躲在山里的阵地中迎击，但压倒性的炮击和舰炮射击使得日军不断损兵折将，只能靠夜间的突袭来一边抵抗，一边不断往山里撤退。从4月到5月，日军持续后退，兵员减少，加上饥饿、病患，每名士兵都扔掉了自己的装备，行走已经十分艰难，运送上述的功绩簿已经毫无可能。每天，身边都会有某个战友不再睁开眼。[16]谷村在早晨睁眼之时，就会感恩自己还活着："啊，太好了。能睁开眼太好了。"内格罗斯的守备人员13500人中，3000人生还，死者中有6000~7000人是饿死的。[17]

缅甸战场——密铁拉之战

1945年3月，石长真华一等兵（前出）等人正在吕宋岛巴莱特岭构筑阵地时，在缅甸中部的密铁拉，第十八师团（菊兵团）步兵第五十六联队第一大队副官前田正雄中尉（前出），正处在生死关头。前田曾作为机关枪小队队长在哥打巴鲁海岸敌前登陆，参加了缅甸战役，又作为机关枪中队队长在胡康河谷九死一生。他于1944年12月晋升为第一大队副官，辅佐大队长作战。1945年在缅北及云南方面，获得美军支援的中国军队加强了攻势。最终，连接印度、缅北、云南的雷多公路[1]（从缅甸援蒋的主要交通线）于1月27日被打通，缅北日军被迫撤退。同时，缅甸中部也陷入了危机。英帕尔战役失败以后，进入缅甸西部的英军于2月投入了大量坦克，从缅甸西部迅速进击缅甸中部，3

---

1 中国称之为"史迪威公路"或"中印公路"。——译者注

月3日一举占领了缅甸中部的要冲（东西与南北运输道路的交叉点）密铁拉。菊兵团长期以来参加缅北的战斗，却突然被派遣到缅甸中部救援密铁拉。前田所在的五十六联队第一大队（含3个步兵中队、1个机关枪中队、1个速射炮中队，并临时配属了1个挺进中队）成为了先遣队。3月10日天未明，前田所在大队进入密铁拉以西约6英里[1]处的一个小镇，在此处构筑阵地迎击英军。但这里是没有任何遮挡物的广阔平原，地形不适合防御战斗。大队之所以在这样的地点修筑阵地，是因为师团司令部判断，只要占领此处，就能截断通往密铁拉的英军补给线及其退路，但英军是从空中进行补给，截断道路毫无意义。

天将亮时，阵地还未完全布好，却已看到从密铁拉方向沿着道路以及道路两侧扬起尘土，英军坦克群驰骋而来。[18]不断接近的坦克是M4雪曼坦克，可以确认有三十多辆。与之相对，前田大队的反坦克火器只有一门口径37毫米的九四式速射炮，以及联队炮（口径75毫米的四一式山炮）。速射炮实施炮击，却不能贯穿M4坦克的装甲，联队炮也很快被坦克击伤。不巧的是，大队长外出检查阵地而不在大队本部，身为副官的前田不得不指挥全局。英军的坦克集群缓慢驶来，每前进10米左右就停下来进行炮击和机关枪扫射。前田确认到大队一线瞬间被突破，便让各中队陆续后退，并持续抵抗。为了配合坦克部队，英军战机开始了扫射和轰炸。前田再一次对英方密切配合地面战斗的通信网之完备感到惊讶。[19]持续一天的战斗仍在继续，太阳西下之时，英军坦克集群已经接近前田与传令者藏身的凹地。近在咫尺的M4坦克看起来像是一间大房子。他们觉得已经无望，抱着无所谓的态度趴在地上。然而，就在那一瞬间，所有的坦克都调头折了回去。[20]原来英军坦克部队今天的工作结束了。在这一天的战斗中，前田所在大队第一中队、第三中队队长以及机关枪中队队长（前田的后任）、速射炮中队队长等人身亡，500人中超过315人战死，大队长也负了伤，被送到后方。得知五十六联队第一大队覆灭的师团司令部，命令暂停在小镇

1　1英里≈1.61千米。——译者注

的阻击，但由于通信中断，联队本部未能收到命令，3月11日，前田的大队在小镇又一次被英军坦克碾压，前田得以幸存，但代大队长等众多官兵在此牺牲。

中国战场——湘西会战

1945年3月10日，小平喜一伍长（前出）所在的第一野战补充队，长期负责维持"治安"和警备，改编后成为独立混成第八十一旅团（至强部队）。第二大队成为独立步兵第四八五大队，小平是第二大队的中队指挥班人员。这一年的1月，大本营陆军指挥部开始倾向于本土决战。在此项命令下，本来就力量薄弱的中国战场陆军航空兵大部分转移到日本本土。中国大陆的盟军飞机达到了700架（主要为美军战机），尤其是美机以华中地区的老河口（湖北）、芷江（湖南）附近为基地的行动，使得华中地区、华南地区的日军地面部队完全不能开展活动。因此，中国派遣军总司令部决定让野战军主力第十一军向上海方向后退，同时决定从3月到5月发起进攻，摧毁美军的航空基地。3月开始作战的第十一军投入了2个师团、1个坦克师团、1个骑兵旅团的兵力，经历苦战后于4月占领了老河口的机场。

司令部设在湖南衡阳的第二十军投入了第一一六师团、步兵第六十九旅团、关根支队、重广支队，实际相当于2个师团，约5万人的兵力，于4月15日开始了攻占位于湖南最西部的芷江的战役。然而，第二十军各部在前往芷江的途中，就在各处被占据优势的全副美式装备的中国军队所包围，补给被切断，部队面临全军覆没的危机。身在山区的芷江战役部队不断遭到中国军队的进攻，粮食的"就地筹措"无法实现，笼罩在严重的饥饿及疟疾等传染病的阴影中。日军战死695人、伤后病死4029人。死伤合计26516人，"损耗"达到了参加兵力的一半。由于损失过大，5月6日，第二十军命令各部"返回"（退却）。中国派遣军总司令部也于9日命令暂停湘西会战，为营救陷入重围的第二十军各部，在湖南警备、驻防的各部也收到了出动到前线的命令。[21]

5月14日，驻扎在湘乡的小平所在的独步四八五大队，作为第二十军直属部队而出动。由于白天会暴露在掌握了制空权的美军战机的视野下，他们被迫在夜晚行军。随着临近前线，没了任何武器只能退却回来的日本兵疲劳困惫的沮丧模样，清晰地映入小平等士兵的眼帘。[22] 5月下旬的一个没有月亮的黑夜，中国军队突然进攻了小平大队的守备区。可能是因为成功救出了重广支队之后的一时放松，又或是在湘乡警备时期的老毛病又犯了，那一夜，小平伍长喝了太多白天征发来的"中国酒"[1]，酩酊大醉。他抱着枪跳进小河醒酒，也不知道怎么样就一口气跑上了山脊线，幸亏那里是友军的阵地，小平捡回了一条命。[23]

小平所在的大队与参与湘西会战的作战部队不一样，他们几乎没有进入过山区。在湘乡驻扎期间得到了锻炼的征发名人也齐聚在部队里，虽没有作战时那么艰苦，但因为这一片的百姓实行了彻底的坚壁清野（家里家外不留一点粮食），他们也缺了粮。所以无论是水牛还是狗，只要发现就予以击毙，充作食物。大概是因为吃了太多的狗肉，半夜里，他们在村落一两千米之外的时候，村中的狗都会狂吠，提醒百姓和中国军队日军的到来。"大概是因为光吃狗肉，身上有味了吧，三中队的尖兵不行啊"[24]，其他中队这样戏谑着，小平只能苦笑。中国军队通过之时并未吠叫，而日军通过时却像疯了似的乱叫，对于这一现象，第四十师团（鲸兵团）的佐佐木春隆也没有想到什么好办法。[25]

硫黄岛战役与冲绳战役

硫黄岛之战

前田正雄（前出）在缅甸中部的密铁拉被英军坦克碾压的1945年

---

1 即"白酒"。——译者注

· 137 ·

3月10日，硫黄岛上，混成第二旅团在第一线与美军持续交战，他们与小笠原兵团司令部的联络断绝。[26]负责兵团司令部与旅团之间无线通信的第一〇九师团通信队第一分队队长、陆军伍长川相昌一（1918年生，1938年被征召，1944年再次被征召）身在离兵团司令部壕沟150米左右的通信队分队壕沟中。川相伍长等人在壕沟附近开始听到美军自动步枪的枪响，司令部周边的炮击也愈加猛烈，于是他们于3月8日夜间转移到设置在司令部壕沟内的新通信所。[27]

川相伍长等人的师团通信队于1944年7月10日，与由西竹一中佐率领的坦克第六联队一起从横滨港出发。13日清晨，他们乘坐的运输船在父岛近海被美军潜艇击中，瞬间沉没，资材损失殆尽。川相的通信队获救，在父岛登陆，他们在接受装备补给后被派到硫黄岛，于8月25日到达硫黄岛，登陆后不久便遭到数十架B-24的轰炸。从第二天开始，川相分队（4人）为在兵团司令部附近的悬崖开设通信所，挥舞着十字镐和小铲子，靠人工挖出了一条全长25米，有两个出入口的"U"形壕沟。由于壕沟内有地热和瓦斯，十分炎热，让人呼吸困难，仅穿一条兜裆布也得挖10分钟再休息10分钟，光是挖壕沟就需要花1个月的时间。[28]虽然有井，但井水硫黄味很重，会喝坏肚子，所以只能留存雨水来确保身体的水分供给。[29]在连日的空袭之下，士兵们埋头挖壕沟，又因补给不足而四处寻找食物。因为他们不像其他战场一样要背着装备没完没了地行军，所以勉强维持了体力。此外，比起其他战场，他们花了半年以上的时间来构筑阵地和储备弹药等，所以硫黄岛上的战斗力相对较高。

2月13日，得到美军大批军舰北上的情报，硫黄岛上的官兵进入了战斗状态。美军从16日起对硫黄岛施以猛烈的舰炮射击和轰炸，19日早晨，从南海岸一带登陆。11时，拥挤在海岸的登陆部队进入千岛机场，日军同时发起进攻。川相从旅团处接连收到有关美军阵型混乱以及日军取得了巨大战果的电报，将此情报传到司令部壕中后，兵团军官神情欢愉，品味着初战告捷的喜悦。川相也认为："照这个势头下去的话，没准能赶走他们呢。"（30）然而，美军舰队弄清了日军炮台的位置后，舰炮炮击凶猛，形势反转，川相只得报告了日军部队的覆灭与炮台的沉寂。

川相他们与旅团的通信联络中断，与坦克联队的联络也断绝了。3月17日，栗林忠道司令官等主要兵团军官从壕沟派出约400名士兵，与步兵第一四五联队会合，川相军曹（15日晋升）所在分队接到通信队队长稻田光太郎中尉的命令："就地继续执行通讯任务。"（31）留在司令部壕内的川相等人于24日短时间内走到壕外，在海岸徘徊，但水和粮食都没能弄到，最后还是返回到原来的司令部壕。但壕沟内，因为粮食和水匮乏，日军内部纷争不断。进入4月，甚至还发生了杀人事件。是留在壕内与同伴互相厮杀，抑或是干脆走出壕外战死呢？川相等8人最后决定听天由命，避开其他日本兵的视线，于5月5日走出了壕外。（32）

庆良间群岛的特攻艇

硫黄岛上，在川相昌一军曹回到兵团司令部壕之后的3月26日黎明，冲绳庆良间群岛阿嘉岛山顶上的看守所里，映入陆军伍长深泽敬次郎（1925年生，1944年陆军船舶兵特别干部候补生、志愿兵）眼帘的，是大批向海岸涌来的美军登陆舟艇，冲绳之战爆发。

深泽伍长19岁时志愿加入培养陆军船舶兵下士官的丰滨基地，1944年7月被选拔为海上挺进战队（第二战队）队员。从8月份开始，在小豆岛附近的丰岛接受了三回震洋特攻艇（四式联络艇，Re艇）的驾驶训练（共计九次训练，单独驾驶六次）。（33）震洋特攻艇是一种航速为20节的木制单人汽艇，搭载2枚120千克的深水炸弹，是靠撞击来击沉敌舰船的特攻武器。8月底，训练虽然结束，但对于进行了六次单独驾驶训练的他们来说，"如何闯过波涛汹涌的海面撞上敌人的舰船"，完全没有信心。（34）深泽所在的海上挺进战队于11月7日，由"马来丸"运输船运送到冲绳，这时的冲绳已因十十空袭（1944年10月10日美军机动部队对冲绳本岛的大规模空袭）而伤痕累累、满目疮痍。在航海途中，运输船上用布盖着的一门"高射炮"，实际只是伪装成高射炮的木

头,知道真相后,深泽大受打击。⁽³⁵⁾

  守备冲绳的第三十二军,预计美军会在本岛中部的嘉手纳海岸登陆,便将特攻艇的基地设在近海的庆良间群岛,准备攻击登陆作战的美军运输船队、机动部队。为此,在渡嘉敷岛部署了震洋特攻艇100艘,座间味岛100艘,阿嘉岛70艘,庆留间岛30艘。1945年1月,中队长对深泽说,他们已成为陆军伍长,今后"出击中战死的话"会追认为少尉。⁽³⁶⁾阿嘉岛上也设有"慰安所",有7名朝鲜"慰安妇",但能够光顾那里的只有军官以及陆军部队的下士官,深泽等海军陆战队员根本无法靠近。⁽³⁷⁾

  3月23日,舰载机开始激烈地扫射和轰炸。25日,秘密壕中大部分震洋特攻艇在出击前就遭到破坏,燃料罐及粮食仓库也被烧毁。⁽³⁸⁾26日早晨,猛烈的舰炮射击开始,深泽发现登陆舟艇已经向阿嘉岛驶来,在向本部报告后返回之时,已有十几辆坦克登陆。⁽³⁹⁾空袭、舰炮射击以及地面炮火使日军死伤不断,已经登陆的美军迅速在岬丘构筑了滩头阵地。当晚,可以使用的震洋特攻艇已经很少了,只有军官可以驾驶出击。战队成员和基地队员喊着"以一敌十"的口号,杀入敌阵。⁽⁴⁰⁾深泽拿着跟拐杖没有区别的军刀和手枪、手榴弹,缠着千人针的腰包,头上裹着集体写有日之丸的头巾,靠近了美军阵地。但由于迫击炮和机枪的射击,根本无法前进。他们与指挥官也分散开来,只剩几人,在犹豫是否前进时天已亮了,便决定返回。⁽⁴¹⁾27日夜间及28日都进行了出击,但仍然无法自由行动。过了一段时间,他们离开海岸,藏身到峡谷间的洞穴中,这是舰炮的死角。31日,美军撤离了阵地,之后只有白天从座间味岛过来巡视。战前,曾有"如有用冲绳语交谈的人,便视作间谍处刑"的布告,因粮食不足而导致军人和百姓之间不信任感加深,反抗军队者被怀疑是间谍,有间谍嫌疑的人被处刑。⁽⁴²⁾在粮食匮乏的阿嘉岛上,深泽等幸存下来的官兵马上陷入了饥饿状态。6月26日,阿嘉岛的乌塔哈海岸,日美两军的前线指挥官进行了秘密会谈,从第二天开始两军便进入事实上的停战状态。⁽⁴³⁾

航空特攻作战的最高潮

冲绳战役期间庆良间的震洋特攻艇几乎没有进行海上出击，在陆地上就被全歼，海上特攻作战未能实现，而航空特攻作战以空前的规模得以实施。1944年10月开始的航空特攻作战，在1945年2月势头减弱，海军从这段时间开始了大规模特攻作战的准备工作（确保人员配备充足）。海军第三四三航空队所属的零战老牌飞行员、上等飞行兵曹杉野计雄（1921年生，预科练丙种3期）在台湾台中基地聆听副长中岛正中佐的训示。

"现今败色渐浓，能扭转大局的，除特攻以外别无他法。所以我要问诸君，"一番开场白后副长继续说道，"低下头，闭上眼。我希望全体人员志愿加入特攻……有不方便的人举起手来……"周围鸦雀无声。

"请睁开眼。感谢、感谢！感谢所有人都志愿加入。"

他又说道："其实我也想加入。但因为职务上的关系没有办法。但若是飞机没有了，我作为拔刀斩名人，一定争取多杀敌人，追随各位。"以此结束了讲话。解散后，谁也不想开口说话。在回宿舍的途中，杉野听到有人发泄着不满："什么拔刀斩名人！"[44]

从一开始就推进特攻队行动的中岛虽然是飞行员们所信赖的长官，但作为发号施令的一方，他与听令一方心理上的背离渐露端倪。

深泽伍长在阿嘉岛遭到美军舰载机猛烈的扫射、轰炸之时，也就是3月24日，未能掌握到美军冲绳来袭实际情况的日本海军实施了夜间强行侦察，由选拔出来的飞行员执行。被选出的是曾被称为"拉包尔击落王"、海军第三〇三航空队的岩本彻三特务少尉（前出）。[45]完成困难任务后的岩本，在冲绳方面的大规模航空特攻作战中，始终作为制空直接护卫队在持续战斗。4月6日，岩本作为制空队中队长参加航空总攻击，击落了几架美军舰载机格鲁曼F–6F，并协助特攻队突入。要不是从较好位置发动奇袭，以及躲避到云层的反复操作，岩本等人的零战52型几乎不能与新型格鲁曼对抗。这一天，海军投入了211架特攻机，陆军投入了62架。[46]第二天，即7日，岩本率领制空队为特攻队进行直接护卫，与蜂拥而来的美军舰载机展开了空战，后返回鹿儿岛基地。他们在返回后又收到消息，前几天出击的"大和"号战列舰遭美军机的攻击，于是又紧急发动了飞机。[47]

  日军的空中攻击给美军带来了相当大的损失（被击沉了34艘舰艇），但仅仅是驱逐舰以下的小型舰船以及脱离战场的美军2艘正规航母，这并未让美军放弃攻占冲绳的计划。此外，美军的特攻机对策（战斗机伏击，由各种舰艇进行对空炮火攻击）缜密又猛烈，特攻机甚至无法接近美机动部队。海军与第三十二军的地面反击相呼应，于5月4日实施了大规模的航空特攻作战。身经百战的飞行员、三四三航空队的角田和男特务少尉（前出）也作为直接护卫部队，从台湾的宜兰基地出发。出击的特攻机为了躲开美军雷达，他们采用贴近海面飞行，在离目标1000米处紧急上升，再从500米高处俯冲撞击的战术。此外，为防止被上空迎击的战斗机发现，他们将机翼上面的日之丸涂成了墨绿色，使其国籍不明。角田看到曾经荣耀的零战不得不采用这种手段，内心感到十分悲凉。[48]

海上特攻队——"大和"号的沉没

  岩本彻三（前出）的列机在到达"大和"号预计所在海域的上空之时，已经看不见"大和"号的身影。4月7日14:25，"大和"号遭到8次共计1080架次美军舰载机的攻击，身中鱼雷13枚，以及很多炸弹，在历时1小时50分的苦斗后，最终沉没。岩本编队击落了在近处飞行的3架格鲁曼，算是给"大和"号献祭。[49]与此同时，此时在波浪间漂流着的"大和"号五号高射炮员引信手、海军二等兵曹坪井平次（1922年生，1943年师范被征召）的眼里，只有那些正在扫射漂流者的美军飞机。

  师范学校毕业后，在三重县做国民学校训导（小学教谕）的坪井，于1943年4月被征召，7月登上"大和"号。从师范学校出来的人作为干部候补生，晋级很快。坪井在经历马里亚纳海战、莱特湾海战后，于1944年11月便晋升为下士官（二等兵曹）。

1945年3月初，上峰下达了这样的通知：若是一家的"长子"，或是"因故在家要挑大梁的人"必须申报（根据情况允许其离开舰船）[50]，他便明白，决战终于逼近了。4月5日15：15，长官命令"全体人员到前甲板集合"。舰长有贺幸作大佐传达了联合舰队司令长官的电令："下令组建海上特攻队，进行壮烈无比的突击作战，这是发扬帝国海军海上部队的传统，将荣光流传后世之毋庸置疑之事。"坪井"背脊一阵发麻，感觉脸上的皮肤都在颤抖"。[51]当天夜里，舰内全体人员举行了壮行宴。第二天，即4月6日16：45，从山口县三田尻停泊地出击的有"大和"战列舰、"矢矧"号轻型巡洋舰、"冬月"号、"雪风"号驱逐舰等10艘舰船。原是高射炮引信手的坪井一边祈祷着"在无雨无云的海上痛快地打一仗"，一边睡着了。[52]但第二天，即7日，从早晨开始仍是乌云笼罩。8：15，传来了已被3架敌机发现的消息。从莱特湾海战的经验来看，坪井感觉几乎不可能成功"突入敌军阵内"。[53]12：35，"开始射击"的命令发出，第一波美军舰载机已经飞到了"大和"号上空，但由于云层关系，高射炮无法瞄准。这是没有雷达射击系统的悲哀之处。在接下来的第二波攻击（13：18）中，敌方鱼雷集中攻击左舷，并先后命中，军舰逐渐向左倾斜。火势也变猛，旁边的十一号高射炮班员全部战死，机枪群也被炸毁，尸体横躺在周围，肉片散乱在四处，甲板上洒满了鲜血，红黑色的模样让人无法直视。[54]舰身愈加倾斜，射击也变得困难。最终在14：25，日军长官发出了"全体人员撤离"的命令，但随着舰船的沉没，坪井也被拽入水中，失去了意识。清醒之后，发现自己已经浮在了水面。坪井想靠唱歌来驱走睡意，但他呛了几口混杂着重油的海水，连歌都唱不了。[55]当他抓住驱逐舰"雪风"的绳索，要被拉上去时，不知道是谁紧紧抓住了他的脚，由于一心只想获救，便将那人一脚踢开，那人沉入了海底。坪井在甲板上昏昏沉沉醒来，进到舰内，在去兵员室途中，看到了浴室里高高的尸体堆。坪井虽然意识朦胧，但内心想着："为什么人们非要发动这样的战争？为了什么？又是为了谁？互相憎恨，互相杀害……啊，再也不想干了。不管怎样，我都不再动了。下次再沉下去的话必死无疑。"[56]"大和"号的3332名船员中，只有269名幸存。

冲绳陆战——脱离战场

因为天气原因，导致"大和"号战舰的高射炮对俯冲而来的舰载机不起作用，陆军的高射炮部队也是如此。1944年的十十空袭中，独立高射炮第二十七大队第一中队的6门高射炮部署在冲绳本岛的小禄丘陵，每门能发射100发的炮弹，但仅仅成功击落了1架敌机。[57]日军的对空炮火系统没有雷达联动，也没有VT引信，所以完全不能应对从低空侵入的高速飞机。因此，冲绳的第三十二军事实上放弃了用地面炮火进行回击的对空战斗，高射炮主要作为对抗坦克的火器来使用。该中队第二分队高射炮七号炮手（航路角扇型盘操作）、陆军一等兵渡边宪央（1925年生，1944年被征召）在美军登陆冲绳本岛之前，被调遣到通信班（共14人）。渡边的直属长官、通信班班长畑中康二军曹，是一个会公开对班员这么说的人物："这样的老掉牙装备还想打赢美军……"[58]对于曾经备受长官和老兵的私刑，苦于那些条条框框的渡边来说，畑中是一个难能可贵的存在。3月26日以后，美军的轰炸及舰炮炮击愈加猛烈，渡边他们也豁出命去忙着修理通信线路。美军在登陆本岛以后，便开始从本岛西侧的神山岛向首里方向用重炮进行轰击，渡边所在部队也实施了对神山岛的夜间炮击，但很快就遭到数十倍的反击，炮击在进行了两次以后便哑火了。[59]登陆嘉手纳海岸的美军南下后，日军在4月中旬之后便构筑了新的阵地。构建阵地，是优先考虑到紧要时刻的退路问题，而非为了进攻。[60]即便现状如此，大队长还将原在辻町烟花巷里的妓女带到本部战壕内，士兵们也抱着"反正日子也不长了"的心态随心所欲，偷盗由本部保管的米袋来交换村庄的猪，还擅自拿走酒店的烧酒，潜入海军的粮秣仓库，偷走一袋砂糖，办了酒宴，等等。[61]

5月上旬，日军反击失败以后，渡边所在的阵地也遭到猛烈的炮轰。5月20日，地下壕的高射炮一侧遭到舰炮的突然轰击，2个分队被歼。炮轰之下，1个分队被活埋。[62]为与三十二军的摩文仁撤退相呼应，25日渡边等人接到向最南部的具志头前进的命令，他们破坏掉剩下的3门高射炮，埋掉了炮弹，带着步枪和手榴弹、防毒面具及粮食，在大雨中转移，由于所持物品太重，渡边扔掉了一半的步枪子弹。[63]途中，他又扔掉了防毒面具和钢盔，遇见躲都躲不开的堆积如山的尸体，好不容易到达了目的地——具志头的洞窟里。然而6月9日，洞窟附近有美军士兵出现，自己的部队还遭到炮轰、舰炮射击，中队长下令当晚离开洞穴，与其他部队一起挖单兵战壕，死守具志头地区。[64]

渡边的长官畑中班长对渡边他们坦言："我不想打这种注定要丧命的仗，我计划今晚在离开洞窟时脱离战场。"[65]于是当天夜里，渡边等人假装到达阵地，然后脱离战场。之后，由于意见不一，渡边二人与畑中等人分开行动，后又与途中遇见的平民、海军军人等乘着独木舟（可以张帆行驶）从线满附近出海。恶劣天气之下，船被冲走，众人漂到了久米岛。[66]同乘的2名海军军人被由鹿山正兵曹长指挥的通信队（27名）带走，渡边等陆军军人与迫降到久米岛的特攻队员会合。[67]此后，渡边等人和特攻迫降的2人，从座间味岛乘独木舟逃出的4人，以及被征召到久米岛而回不去的3人，组成了一个奇妙的集体，由特攻队陆军少尉担任"队长"，开始了共同生活。

战败

投降——硫黄岛、冲绳

在冲绳，第三十二军虽然实施了大规模的反攻作战，但失败已十分明显。在明确失败的5月5日，藏身在硫黄岛兵团司令部战壕内的陆军军曹川相昌一（前出）决定听天由命，离开战壕。在前一夜，其他分队中身负重伤的一名伍长说，"明天请带上我一起走"[68]，遂加入了川相他们出壕的队伍。5日早晨，川相等9人用便携燃料将剩下的少量糖泡开，当作离别酒一饮而尽。队伍中级别最高的川相告诉大家："我第一个出去。如果枪响了，你们就各行其是。"[69]战壕的入口由于炮轰已经完全堵住，顶棚处有一个洞口，可供一人出入，川相想从这里出去。

然而就在这时，川相从其他战壕中救出的一名伍长说道："我先出去。让我出去。我想回报至今以来受到的厚待。"一番争论过后，最终伍长一人先出了战壕。之后没有一丝声响。再不快点的话，就要被其他人发现了。正当川相等人焦躁不安之时，伍长从洞口外探了进来。他领来了美军军官。川相他们一个接一个地从战壕里出去。他们最初就没有携带武器，即使知道有美国兵，其他人也还是跟了过来，这样的情况看上去就像是川相等人打从一开始就是想要投降而出战壕。美军军官用日语对从洞里出来的日本兵喊话："你们辛苦了"，并给了他们香烟和水。[70]就这样，川相昌一从2月15日以来，在时隔3个月后见到了阳光，并成了美军的俘虏。

与此同时，陆军一等兵渡边宪央（前出）在6月9日夜间与长官一道，在冲绳本岛南部的具志头脱离了战场。之后乘船出海，因海浪漂流到久米岛，加入了特攻队迫降人员的奇妙队伍之后，他患上了阿米巴痢疾，卧床了一阵子。这段时间，渡边等人得到了岛民安里的帮助。安里家中有一个叫"金"的女儿和一个在邮局上班，说是"金的兄长"的男性。痢疾痊愈后，渡边从安里那儿听说，在这之前的一个深夜，几个美国兵用小划艇在这里登陆，带走了两个岛民。[71]渡边感觉这是美军登陆的前奏。数天后（6月26日）的早晨，美军果真上了岸。渡边和特攻队员躲进了山中，但特攻队员一副预备抵抗美军的架势，渡边便和从本岛逃脱之后一直一起行动的一名士兵一同离队。然后在村子里，他们遇到了一个叫作仲村渠明勇的人[72]，他在冲绳本岛成为了美军俘虏，这次前来的目的是为了劝说久米岛的海军部队停止抵抗。仲村渠也劝渡边投降，村民们也众口相劝："三十人左右的士兵（海军的鹿山部队和特攻队员）根本做不了什么。"(73)仲村渠说明晨来接渡边等人，然后便离开了。之后，渡边来到之前接受照顾的安里家中，听说了女儿金的丈夫（之前说是"兄长"的人）到海军鹿山部队处劝降，昨天（6月27日）被杀的事。(74)渡边原本就担心驻扎在久米岛的海军鹿山部队，以及持有一些武器的陆军迫降特攻队员，不仅仅要抵抗美军，还会将住民的好心当成歹意从而向他们施暴。果然，这成为了现实。第二天，即6月29日，渡边宪央及他的同伴与仲村渠一起向美军投降。(75)渡边勉强获救，而鹿山部队在此之后也不断以间谍嫌疑杀害岛民，解救渡边的仲村渠明勇也在战败后的8月18日遭到杀害。

本土防空战——B-29迎击战

美军首次空袭日本本土的行动是1942年4月18日的杜立特空袭（从航母起飞的16架B-25双发轰炸机，空袭了东京、名古屋、神户等地）。当时，日军预知了空袭，却未能击落一架B-25轰炸机。之后的两年多里，日本本土未受到空袭，但在南方战场，对于美军B-17、B-24四发轰炸机的侦察与来自超高空的轰炸，日军战斗机几乎无法与之抗衡。这是由于美军重型轰炸机防御力强大，以及日本雷达的不完备及飞机在超高空性能（主要由于发动机增压机的性能）低下。虽说王牌飞行员使出浑身解数，偶尔也能击落美军的重型轰炸机(76)，但他们无法阻挡以大编队进入日本本土上空的轰炸机。

B-29轰炸机对日本本土的首次空袭是在1944年6月16日（至17日）对北九州八幡制铁所的夜间空袭。据参加了此次迎击战的陆军中尉樫出勇（1915年生，陆军少年飞行兵1期）称，日本已具备了很好的条件，此次空袭是由中国腹地（成都方面）出动的B-29轰炸机实施。B-29编队飞过日占区和朝鲜南端、对马、六连岛上空，所以即使日方的雷达监视网不够完备，也能在其来袭之时比较准确地加以预测。而且，山口县小月基地拥有二式复座战斗机屠龙（装备了37毫米坦克炮的改造款），为北九州防空积累了防重型轰炸机及夜间战斗的集训经验，樫出等人所在的飞行第四战队被分配到这里。再者，B-29编队从4000米高度左右，采用便于发起进攻的单纵阵楔入，而不是密集队形，这样能让日军战斗机发挥出最佳性能。在上述条件下，日军在B-29首次空袭中有击落的记录。而击落的数量，美国称是2架（另外有5架因事故而折损），日本则称击落了6架（其中2架不实）、击伤了7架。[77]不过，美国表示其在最初的空袭出击的75架B-29当中，47架攻击了八幡地区。而日本认为，包含确认战果的在内，袭击八幡的有17架。[78]所以，对于美国来说，出击的轰炸机中被击落的不到3%，对此次轰炸的评价为"轻微损伤"；而对日本来说，超过35%的来袭轰炸机被击落，可以称之为"大捷"。但在此后，遭受"轻微损伤"的美军不光是依赖B-29重型轰炸机的坚固性，而是不断谋划作战，来削减那点对日军微微有利的条件，那便是从马里亚纳方面而来的超高空、密集队形的空袭。4月以后，美军以硫黄岛为基地，P-51野马战斗机开始作为B-29的护卫机，日军机完全没有出手的余地。

4月28日，鹿儿岛基地上的岩本彻三（前出）单机在9000米高空巡逻，大概是美军太过轻视日本的防空力量，他发现了高度5000米处，欲轰炸鹿屋基地的约30架B-29编队。利用充分的高度差，岩本与B-29同向飞行，零战飞到背面后，急转俯冲到编队之上，撞向长机，向对方编队扫射。因为太过接近，岩本飞机的左主翼接触到B-29，翼端被吹走。B-29冒着黑烟放低高度，最终迫降在志布志湾外。岩本驾驶着失去翼端的零战迫降到陆军的都筑机场。[79]因为使用通常的攻击方法很难伤到B-29，撞击命令即将发出，岩本在此时舍身击落的一幕大大鼓舞了年轻飞行员们的士气，但这样的技艺并非谁都拥有的。

最后的水中战役——潜艇与"回天"

最能明示战争末期日军状态的就是特攻。在特攻当中，最早开发的专用兵器便是"人间鱼雷",别名"回天"。"回天"自1944年2月下旬开始开发,7月25日进行了最初的航行实验,11月列装(搭载于母舰伊号潜艇)。"回天"Ⅰ型是由直径61厘米的九三式氧气鱼雷改造成的操纵型鱼雷,乘员1名,全长约15米,重8.3吨,速率30节(时速56千米),装载1550千克的炸药,从伊号潜艇发射并撞上敌舰的水中特攻兵器。若是被这样巨大的鱼雷击中,即使是战舰也会迅速沉没。"回天"Ⅰ型仅制造了420枚,但这便是特攻鱼雷的大部分,配备在潜艇、水上舰艇、地上基地,但实战中其大部分是从被改造成"回天"发射台的伊号潜艇发出。改造后的伊号潜艇也可以进行普通的鱼雷战,当发现重要目标之时,就会投入"回天"参战。但雷达性能不足的日本潜艇总是被美军飞机和装备有声呐的水上舰艇压制,"回天"母舰被击沉的可能性很高。

1945年1月,"回天特别攻击队金刚队"(5艘潜艇、20枚"回天")实施了"回天"作战。伊号第五十八潜艇也是其中一艘,舰长是偷袭珍珠港之后实战经验丰富的人员桥本以行海军少佐(前出),他曾目睹特鲁克锚地的冲天烈焰。伊五八潜以停泊在关岛的舰船为目标,为将在1月12日未明时分实施"回天"作战而做准备,根据9日航空侦察的结果(只有运输船和浮船坞),"猎物有点少,'回天'操纵员也太可怜了","找一个满载货物的家伙",桥本下令出动4枚"回天",但之后没有确认到爆炸声。[80]

7月16日,伊五八潜为实施"回天"作战,被"行军"号军舰送到吴军港,再次出击。28日,桥本在关岛—莱特岛航线发现了大型货船,并判断这在鱼雷的有效射程内却无法接近,于是断然决定实施"回天"作战,派出2枚"回天"。之后,虽然确认到了爆炸声,但未能确认战果。[81]第二天,即29日,为转移到关岛—莱特航线和帕劳—冲绳航线的交叉海面,伊五八潜进行了水上航行。夜间在周围侦察时,他们在月光的照射下发现了水平上的一个黑点。潜艇立即潜航,桥本命令"准备鱼雷战""准备'回天'作战"。23:08,日军准备好了6枚鱼雷的发射以及2枚"回天"的发动，但桥本也判断，月光下"回天"的袭击非常困难。[82] 桥本从潜望镜中确认到"黑点"的确是一艘大型舰船，在其附近没有其他舰艇。23∶26，他发出了"准备发射"的号令。只需按下键，鱼雷便会发射。调整为"右方位60度，距离1500米"，"准备""发射"。一声令响，2秒后，6枚鱼雷呈扇形发射出击。约在1分钟后，连续3枚命中。身在"回天"内的队员在电话中讲"敌人没有沉没的话，就让我们出动"，但若是"回天"在到达之前目标沉没的话就没有必要了，所以桥本没有让他们出动。[83] 为了装填下一枚鱼雷（不让舰身摇晃），他们暂时潜航，等再次浮出水面用潜望镜确认时，海上什么都没有。目标似乎是沉没了，但他们也没有确认就离开了现场。桥本向舰队司令长官报告称"类似爱达荷型战舰"。此次被伊五八潜击沉的是，运送原子弹到提尼安岛后返航的美国重型巡洋舰"印第安纳波利斯"号。

战败之日——中国战场

8月16日，第四十师团步兵第二三五联队第一大队队长佐佐木春隆大尉（前出）在江西南昌近郊，正为南京方面的行军计划而烦恼。佐佐木所属的四十师团（鲸兵团）在攻占桂林、打通粤汉线南段的战役后南下到广东。一段时间先在海岸线实施防卫，之后又突然北上，向南京方面急行军。在此期间，佐佐木从二三六（高知）联队调到二三五（德岛）联队担任新的大队长。这一天，大队副官从联队本部归来说："听说昨天颁布了终战诏书，战争结束了……明天，即17日8∶00奉命焚烧军旗，军官及各年入伍的士兵代表要集合。"佐佐木当时的反应是"终战是什么？我从没听说过"[84]。1940年9月，佐佐木从陆军士官学校毕业后即到二三六联队就任，前后五年在中国奋战，其间战死的前辈、同僚、部下等在佐佐木的脑海里浮现。他只有扪心自问："让我们在大陆东奔西跑，付出牺牲，最终也就只是落得给中国添了麻烦而结束的结局。这是为什么？……是哪里出了差错？"[85]

湘西会战结束后,独立步兵四八五大队的小平喜一伍长(前出)回到了湖南湘乡。8月16日,貌似中国农民的两人举着白旗来到他们曾作为中队本部使用的民宅,会中国话的下士官说,他们其中一人介绍自己是村长,说"昨天战争结束了,我们从今天开始是朋友"。(86)在一旁听着的小平"没有投降的实际感受,就好像是远方国家发生的事情一样,愣愣地张着嘴巴"。"心里首先感受到的并非果然如此的豁然,而是不至于此的茫然,虽说心里暗自确信日本将会败北,但这发生得太过突然,让人不禁茫然失措。"(87)小平奉中队长之命,到大队本部去看了看,听到了很多意见,但不管如何,战争结束似乎是板上钉钉的事了。那天傍晚,小平回到中队,向中队长做了报告。当夜,中队长亲自去大队本部,回来后转达了总军的命令:"先前的终战情报是谣言。是敌人阴险的广播。中国派遣军将逐次改向扬子江岸地区前进,有新的部署,投入彻底的战斗。"(88)这时的小平已经茫然若失,不想动弹。

第四十师团的佐佐木春隆等人从广东北上。与此同时,同样参加了桂林战役的第五十八师团独立步兵第五一七大队的卫生伍长川崎春彦(1923年生,1943年现役征集),从湖南衡阳南下,向广东迈进。(89)8月13日,川崎因罹患疟疾而高烧卧床,他们的部队(约1000人)被约有3万人的新四军(由中国共产党指挥的华中方面军)包围。15日夜里,川崎所在的部队开始了逃脱作战,彻夜持续步行了近10小时,终于成功突破了包围圈。(90)但日方判断,若按当初计划向广东方向前进,只会跳进新四军重重包围之中,所以决定改为反方向,向衡阳前进。战争实际已经终结,然而川崎所在部队完全没有收到相关情报,此后也持续在山中夜行北上。进入9月,川崎所在部队仍在持续逃难,某一天他们在一座小山丘上通过无线电与友军取得联系,这才得知,在8月15日战争就已结束。但所有人都相信是"日军胜利,最终终战",对此他们坚信不疑。(91)

战败之日——南方战场

8月15日，在缅甸中部密铁拉九死一生的第十八师团（菊兵团）步兵第五十六联队第一大队第三中队队长前田正雄中尉（前出），正躺在钦敦江边的博雅几第一野战医院里。密铁拉战役之后，日军连续撤退，7月6日，前田在铁路铁桥旁的火力点睡着时，遭到敌机的扫射和轰炸，左腕和手掌负重伤。[92] 在缅甸全境被英军碾压的日军官兵向泰国方向撤退的最后的障碍是雨期涨水的钦敦江。渡船较少，日军只能尝试用手工做的竹筏渡河，很多官兵都因此被浊流吞没而丧命。前田多亏了有作为干部候补生时同期的卫生队队长的帮助，得以在夜间乘船，勉强闯过了这一难关，但伤口处严重化脓，还生了蛆。[93] 16日，前田从博雅几的野战医院出院后，又到了后方的野战医院中继所。在那里，军医让他烧掉地图和秘密文件，他询问理由，军医也只回答说不知情。之后，前田还是对战败的事实毫不知情，继续在泰缅铁路上向泰国撤退。[94]

在菲律宾内格罗斯岛的曼达拉甘山延滞的第一○二师团工兵队本部人员谷村平八一等兵（前出），在极端的饥饿和疲倦之下到达了山脚下的分哨。分哨长曹长对谷村说："今天是8月21日。你真的什么都不知道吗？"然后向他传达了日本的无条件投降、战争结束的消息。[95] 谷村陷入了沉思："终于结束了……终于了结了。为什么没能更早地结束这场战争呢？这实在太让人懊恼了！死去的战友（驻军全体官兵）是为了什么而选择了死亡？……日本战败了，对此并未有任何的感慨，也感觉不到任何义愤。只是觉得这来得太迟了。"[96]

山田正巳少尉（前出）所在的临时独立第二步兵团司令部（原第二航空通信团司令部），同样也在位于菲律宾吕宋岛山间的沙力克村。进入8月，通信机器恢复了功能，他们得知了对广岛实施的"强力特种炸弹"（马上有人问起是否是原子弹）以及苏联参战的消息。8月16日清晨，通信班成员传达了终战的消息后，参谋中岛中佐在和司令官商议之后，将部队的主要军官集中起来，并告知了日军战败的事实："既然

· 152 ·

终战诏书已下……也就是说我们要向美国投降了吧。因此切勿轻举妄动。"山田回忆当时的心情,他"强烈感受到自己能免于一死,但不可思议的是,那并非一种喜悦,而是一种阴郁不安堵在胸腔"。[97]

与此同时,在吕宋岛的山中彷徨,处于极限状态的第十师团辎重兵第十联队的一等兵石长真华等八人,从美军飞机撒下来的传单上获悉战争结束。这是真的,还是"敌人的谋略"?对此,八人产生了意见分歧,但在这之后,美军的侦察机又撒播了传单,上面印着"天皇的发言",大家这才得出结论:"那是没办法了。"[98] "我们下山!"领队的曹长说着站起身来,所有人不约而同地高呼起"万岁"。这是因为他们突然有了希望。八人扔掉了之前一直作为"心理支撑"的三条步枪。[99]虽然知道了战争已经结束,却并不代表就有了食物。此后,八人匆忙向吕宋岛北端赶路,在过河时乘坐的竹筏翻了,其中的四人下落不明。石长等剩下的四人中,有两人也被饥饿和疾病夺去了生命,最后只有石长一人活了下来。

复员与羁留

日本本土、中国台湾

在台湾曾被强行编入特攻队的零战老牌飞行员杉野计兵曹(前出)在迎接战败时,出任博多航空队(练习航空队)因播放《停战诏书》时有杂音未能听清播放内容,最终通省咨询后得知"终战",一时差点虚脱。航空队本部命令在海岸挖一个直径3米,深约2米的洞,将"重要文件以及不能被敌人发现的文件"全部扔进去烧毁。这在全国的军事场所都彻底执行了此命令。上级命令"烧掉飞行员的航空记录",但杉野偷偷将自己的航空记录簿的最后一页藏到了口袋里。[100]

烧毁工作告一段落后，要求"机组成员整队"，年轻士官说："现在立即用分散在远贺河畔的飞机对来玄海之敌发动特攻作战。"杉野心想，光靠中练（九三式中间练习机）不可能成功，但是没有实战经验的年轻士官必定不会接受，所以他们决定一起行动。结果，仅仅乘火车到了途中，喝酒提了气势后，这一段行程就结束了。"敌人将要登陆"的传言满天飞，西户崎火车站挤满了想到日本本土避难的人。（101）第二天，回到航空队后，宿舍里的公私物品已经不知被谁拿走了。工资，还有即将支付的退职一次性补贴也没了，就连队员的返乡费用也不知所终。作为前任教员，杉野向站长讲明实情，请他开了"无票乘车证明"，才得以让队员返乡。8月18日，美军来"抓捕机组成员"的传闻（谣言）四起，杉野从熟人那里拿了裤子和衬衣，回到了山口县的乡下。但次日，收音机里反复播放"博多航空队员，返回原部队"的通知，杉野又马上返回。归队后，收到了曹长的肩章和工资、退职金、川资（路费）。杉野等一群有志人员还一同整理了杂乱无章的军营，因为想到就这样交给占领军的话，也是帝国海军的耻辱。海军省发来了"将飞机现状报告直接带来"的指示，杉野承担了这一任务，乘坐着装满了复员军人和从疏散地回来的人的列车离开，他在第三天到达东京，完成了任务。杉野计雄在9月底拿到了复员证明书和补发的盘缠，正式复员。（102）

在台湾宜兰机场迎接8月15日到来的角田和男特务少尉（前出），在几天前就听说，台湾的所有飞机要作为"一亿特攻之魁"，向冲绳的美军舰船发动特攻作战。15日上午，玉井浅一司令发布出发命令，试运转也已经结束，随时可以起飞。就在这时，又有了"暂停出击""熄火、原地待机"的指令，于是他们又回到宿舍待命。这一夜，角田等人在出击前一顿闹腾，被陆军军官责备了一通，"无条件投降了还不谨言慎行？太不像话了"，当时他们还不知所云。第二天，玉井司令对他们说："好像是真的战败了，但是，本土投降了，中国台湾省不投降。"角田在数日后也读了报纸，感觉的确是日本无条件投降，这让他有点恍惚。（103）

· 154 ·

复员前,角田等人解除了武装,角田将白鞘的短刀"神风刀"埋进了土里。最令他感觉可惜的是,九年间的航空记录全被烧毁。降落伞包里塞进了两块毛毯和换洗衣物,听说日本本土没有砂糖,便在基隆尽可能多地买了砂糖,在12月27日登上为复员而准备的海防舰,29日从鹿儿岛登陆,在那里办理了复员手续之后,乘坐复员临时列车于31日抵达东京,回到了故乡千叶。[104]

冲绳、马里亚纳、硫黄岛

在台湾迎接终战的角田和男(前出)根据"特攻队员优先放回"[105]的方针,得以从台湾乘上首艘复员船只回国,而同样是特攻队员的冲绳—阿嘉岛震洋特攻艇的特攻队员深泽敬次郎伍长(前出),却未能轻松地回去。阿嘉岛上,现地指挥官层面于6月签署了秘密协议,岛民以及朝鲜民夫旋即被纳入了美军的管理之下,这是罕有之事。身患营养失调和疟疾的人接连倒下,日军士兵当中投降的人也不断涌现。深泽也曾想,不知道是战争先结束,还是自己先饿死。深泽是从美军撒下的传单得知日本无条件投降的,于是他于8月23日向美军投降。之后,他被关进座间味岛的俘虏收容所,全身上下被泼了滴滴涕(一种杀虫剂),被迫穿上印有"PW"(Prisoner of War)印记的囚服。深泽在庆留间岛上收集了遗骨,后被转移到冲绳本岛的屋嘉收容所,还从事了美军基地的施工作业等劳动。[106]1946年11月3日,成为俘虏1年3个月,也正好是深泽作为震洋特攻艇的特攻队员,从鹿儿岛起航正好满2年的这一天,深泽在名古屋复员了。当时,他还领取了作为俘虏劳动的200日元报酬。本以为这些钱可以生活几个月,但黑市上一包香烟就要50日元,这让深泽吃了一惊。

深泽敬次郎回国、复员前后,阿部善次少佐(前出)也结束了在美军管理下的俘虏生活,于1946年11月26日回到了浦贺。阿部是一名参加了偷袭珍珠港、印度洋空袭、阿留申群岛战役、马里亚纳海战的久经沙场的舰载轰炸机编队队长。马里亚纳海战期间,舰载轰炸机彗星燃料不足，1944年6月19日黄昏，阿部在关岛东北76千米处的罗塔岛迫降。由于马里亚纳群岛沦陷，拥有950名陆军、2000名海军的守备队四面楚歌，完全孤立。在这个周长62千米的小岛上，粮食不足，但靠着计划性的甘蔗栽培，还勉强能维持。美军跳过了罗塔岛，没有在此登陆，所以守备队人员牺牲不多（战死、病死的有236人），但岛上几乎每天都被敌机扫射、轰炸，以及舰炮射击。日本海军好几次尝试救出阿部等人，但始终无法成功。[107] 1945年8月15日之前，美军就发出了日本政府接受波茨坦公告的传单。到了下旬，美军再次撒下传单，为了进行终战处理，美军要求这里的日军每天在指定时间与位于关岛的美军司令部通过无线电联系。这里的日军做出了回应。9月2日早晨，一艘美军驱逐舰在罗塔岛洋面抛锚，今川茂男陆军少佐和阿部善次海军少佐作为日军代表，于11:00在驱逐舰上举行了签署投降书的仪式，比本国的签署仪式晚了一个小时。[108] 之后，阿部等人于9月5日从罗塔岛被转往关岛的收容所。从关岛复员、回国是从1946年10月开始的，岛上的日军被分成三批，阿部乘坐第二批复员船舶回国。从浦贺登陆后，他们每人收到了一条毛毯和1000日元的现金。[109]

即便同样是成为美军的俘虏，8月15日以前投降的人待遇并不一样。5月在硫黄岛投降的川相昌一军曹（前出）被送到关岛，后又被转到夏威夷、美国本土。7月30日到达位于得克萨斯州的康纳利收容所，这里有偷袭珍珠港之后的日军俘虏200人左右。[110] 俘虏们做一些清扫、割草之类的体力活，也会被支付些微薄的工资。川相乘坐1945年12月从西雅图出发的遣返船，于1946年1月4日在浦贺登陆。第二天，他们领取了路费，并被特别提醒："你们已经死了，葬礼也已经结束，请做好这样的心理准备回去。"[111] 1月6日，川相回到家中。家人在开心的同时，也十分困惑。与川相同乡的硫黄岛战死者遗属来拜访他，川相心如刀绞，"自己一人活着回来，十分愧疚"。[112] 在返乡一周后，川相终于从叔父那里听到一件一直很在意却没能问、也无人提及的事情。那就是，出征前与川相结婚的新妻在他的"村葬"举行之后，21岁就成了

"未亡人"，于是就在战争结束后不久，与川相的弟弟成了婚。[113]

新几内亚

先后驻扎在马来半岛和新几内亚东部的南海支队，参加了欧文斯坦利岭战役，经历了穿越萨拉瓦吉德山脉的辛酸。在太平洋中部日军的防线崩溃之际，独立工兵第十五联队的柳泽弘军医大尉（前出）来到新几内亚西部的马诺夸里，作为第一二五兵站医院总务主任，他在当地迎来了8月15日。

战争末期，马诺夸里地区的日军已完全孤立无援，为了防止官兵士气低落，保持精神卫生，他们修建了兵战医院附属的"马诺夸里剧场"，加藤德之助（加东大介）等专业演员、艺人组成"马诺夸里演艺分队"，给荒芜颓废的官兵带来了甘露。[114]在兵站医院死去的军官、下士官持有大量的日本刀，柳泽不甘因解除武装而将这些日本刀交给盟军，于是他在盟军到来之前，将刀运到后山，与在此地死去的"英灵"一起深深埋入了新几内亚的土地。[115] 9月13日，澳大利亚部队进驻马诺夸里地区，解除了日军的武装（废弃武器）。10月后，作为赔偿（劳役赔偿）的一环，志愿者组成了霍兰迪亚[1]派遣作业队（约1500人），被派往该地。柳泽也作为派遣作业队医院长同行。日本战败前，盟军占领的霍兰迪亚有这种可供大型运输船停靠的码头，有坚固的兵营和仓库，以及很多大型土木机械类装置。柳泽心想："也难怪会输掉战争。"[116]派遣作业队的劳动伴随着危险，也有重体力劳动，一直持续到1946年6月。上头突然通知将他们遣返到日本本土，柳泽所在派遣作业队的人员匆匆忙忙从霍兰迪亚乘坐运输船，于6月18日，在和歌山县田边港登陆，完成复员工作。对柳泽来说，这是自1940年8月从门司起航，赴任工兵联队以来，时隔5年10个月后才回国。

---

1 现印度尼西亚的查亚普拉，1910年到1962年曾名为霍兰迪亚。——译者注

中国的"满洲"、西伯利亚

在江西南昌近郊迎接战争结束的佐佐木春隆大尉（前出），在8月下旬接到命令，要途经南昌、九江，朝南京附近前进。因为中国派遣军的"单独继战"的命令尚未取消，所以他们在行军之时也进行了伪装，当听到飞机的轰鸣声时，还像战时一样立即散开。(117)9月上旬，他们到达南京附近的当涂县城后，奉县长和中国军队的命令，负责当涂县城南部地区的警备。去县政府时，县长是一个毕业于明治大学的四十几岁的中国人，他用流利的日语欢迎他们(118)，此时，佐佐木所在的部队还完全保持着战时武装。从国际法来看，他们和俘虏没有什么区别，所以是由武装的俘虏实施地区警备。警备任务持续到11月份，佐佐木所在部队离开之时，县政府为他们举办了饯别宴会。警备任务结束后的11月28日，他们被解除了武装。从12月中旬开始，他们承担了南京郊外修筑公路的劳役。从1946年2月上旬开始，他们负责南京市内的水沟浚排、道路修补等作业。从5月份开始陆续回国，佐佐木于13日在吴淞港乘坐原海军的"杉"号驱逐舰，20日在鹿儿岛登陆，他作为步兵第二三五联队的运输指挥官，于21日举办了复员仪式。佐佐木于6月初回到了故乡熊本，回去后才知道，常常担心自己安危的兄长以及妻舅都在前往菲律宾的途中，因运输船沉没而战死。(119)

1945年8月18日，齐齐哈尔宪兵队情报班班长土屋芳雄宪兵少尉（1911年生，1931年现役征召，1933年晋升为补助宪兵，1934年又晋升为宪兵勤务），在之前他们一直使用的"满洲国"齐齐哈尔宪兵队的一栋建筑物内，接受了一名苏军中校的审讯。审讯一直持续到1:00，然后被带到土屋他们以前收押中国嫌疑人的拘留所内。10月中旬，土屋从拘留所出来，被移送到收容宪兵队队员的骑兵联队（收容所）。

一心想离开齐齐哈尔的土屋请求长官，将他编入由苏军组建的"作业大队"。但长官和土屋都不知的是，这支"作业大队"将被押往西伯利亚战俘营。3天后乘坐专列到达一处叫作托林斯卡亚的收容所，在这里，约9个月的时间里，土屋在极度严寒（零下三四十摄氏度）之中从事着艰苦的伐木作业。因为食不果腹，加上劳动任务过重（一天要采伐13棵有一抱之粗的落叶松），宿舍里又尽是臭虫和虱子，到1946年7月采伐作业结束为止，土屋等40人的小队中，有两人因营养失调、患病而离世。之后，土屋等人被转移到哈巴罗夫斯克从事土木作业。1947年初左右，开始了对原宪兵的审讯。[120]与土屋在齐齐哈尔的审讯一样，在这里他也谎称自己除了军事警察的活动以外，什么都没有做。羁留苏联的第四年，即1949年3月，开始了又一轮审讯。但对于积累了12年宪兵工作经验，专业实施审讯的土屋来说，他是绝不会轻易松口的。1950年7月，土屋等原宪兵当中的几人被收容所长叫去，并被告知"你们将出发前往日本"。就在土屋心想"这回得救了"后不久，他们被引渡回了中国。[121]

土屋被关进中国的抚顺战犯管理所，这里原本是"抚顺监狱"，供关东军拘留和拷问"匪贼"使用。但令人惊讶的是，土屋等人在这里一直没有受到审讯，食物很充足，也没有强制劳动。1953年，土屋等人甚至开始感觉苦闷，像自己这样的重大战犯，能被如此宽容地对待吗？痛苦一日胜过一日，最终他忍不住坦白了自己的罪行。1954年春天，审讯终于开始，他们这才知道，在这四年的时间里，中方一直致力于搜集日军的文件资料、调查被害者以及搜集证言。调查官告知了"坦白从宽，抗拒从严"的审讯方针，土屋在他面前艰难地说出了"我坦白我所有的罪行"。他们交给土屋纸和铅笔，在之后的一个月，土屋每天在糙纸上写下他在1931年以后对中国人的所作所为，最终完成了200页纸的自白书（认罪书）。调查官看了土屋的自白书，大力夸奖道："你的记忆力真好，（被害者）名字弄错的只有一个。"[122]提交了自白书后，土屋继续写下了他所知道的日军的暴行。抚顺收容的约1000名日本战犯的全部自白，前后花费了8个月的时间完成。土屋重读自白书后，发现自己直接或间接杀害的中国人有328名，逮捕、拷问（土屋擅长给对方大量灌水的"水刑"），以及关进监狱的中国人竟有1917名，这让他自己也着实大吃一惊。土屋重新开始思考，自己在故乡山形的时候，是个相信杀害一只虫子也会遭报应的人，而14年的军旅生活，使自己"丧失了人性，变成了魔鬼"[123]。最终，1956年7月，土屋仅收到了"土屋芳雄，缓刑"的处分结果。近1000名的战犯大多收到了同样的通告。

土屋于1956年8月回到舞鹤港。日本战败后11年，也是土屋自1940年回乡以来，时隔16年后重新回到日本。复员后的土屋领到的，是战争时期的军装和衬衣、毛毯以及仅仅1万日元的复员补贴。但比起这些更重要的是，11年前在"满洲"与自己依依惜别的妻子，正带着长子在舞鹤等待着归国的土屋。[124]

战争开始以后，收到"征召令"的并非只有男性。日本红十字会的救护护士（所谓的从军护士）也是通过"征召令"进行征召。千田恭子（1926年生，1943年日本红十字会岩手支部救护护士养成所毕业）于1943年7月，在她17岁时被征召，8月开始便在"满洲国"东部，靠近苏联国境的东安第一陆军医院工作。从军护士的征召期限为两年，1945年8月千田服役期满。

但是，由于8月9日苏军进入"满洲"，千田的征召解除，她的回国之梦也破灭了。这天傍晚，突然下达了"（护士）所有人马上回到宿舍，收拾行李，带上随身物品，30分钟内到医院集合"的命令[125]。她们按照命令集合后，又被命令"带轻伤员转移到南满，马上向东安火车站出发"。此时东安市内已经四处起火，车站挤满了想要逃离的日本人，一片混乱。千田此时对日本红十字会护士的身份感到了一丝优越，"幸好是军队。即使不让其他人乘车，但绝对会让军队的护士上车"[126]。千田他们所乘的列车在深夜从东安站出发，天快亮时，由于遭到苏联军机的空袭，火车头遭到破坏，他们便下车，带着伤员步行至牡丹江。一听到飞机的轰鸣声就躲进高粱地里，途中没有高粱地的地方就一路奔跑。渴极了的时候，千田想喝点池塘里的水，却被吼道："敌人没准在水里下了毒或细菌之类的，不要喝！"[127]走了两天一夜，到了一处车站后再一次登上了列车，却又一次遭到苏军坦克的攻击，他们被卷入了战斗。护士们也领到用于自尽的手榴弹，千田等6名护士已经有了觉悟，唱起了《海行兮》[1]。就在那时，也不知是士兵还是军官，一个男人的声音传来："后山没有敌人。快点过去！"她们便逃了过去。[128]之后她们不停地走，好不容易走到了一个叫横道河子的小镇，这里有一座陆军野战医院。在那里，她们得知日本战败，这家医院也已由苏军管理，日军被解除了武装。千田等人与士兵一起走了三天，被关进拉古收容所。在那里，她们负责伤病员的救护。天气变冷后，她们被转移到集中了伤员的谢家沟收容所，那里痢疾、斑疹、伤寒高发，有时候甚至一天会有30人因生病和营养失调而离世。二十四五名护士中，没有感染、生病的只有两人。[129]

1946年以后，收容所从苏军转移到八路军[2]的管理之下，伤员开始回国。重要的技术人员，如军医、卫生兵、护士则被八路军留下。这种行为被称为"留用"，护士千田从1947年秋天开始，在牡丹江市的八路军野战医院工作。1948年开始到奉天（沈阳），在日本人收容所里开设的"和平医院"内从事医疗活动。1949年4月，千田与收容所内的炊事员，满蒙开拓青少年义勇军的一员本田繁结婚。[130]

1953年，日本红十字会重新开始了残留在"满洲"的日本人的归国工作，本田恭子[3]和丈夫、长女三人于同年10月14日到达舞鹤港，回到了祖国。这是她自收到"征召令"，17岁作为从军护士离开故乡岩手后的第十个年头。[131]

注

（1）山田正巳『ぼくの比島戦記——若き学徒兵の太平洋戦争』，光人社NF文庫，

1　日本二战时的一首海军军歌，现多作慰灵仪式的镇魂曲。——译者注
2　1947年国共和谈破裂后，八路军改编为中国人民解放军。——译者注
3　千田恭子婚后随夫姓，故称本田恭子。——译者注

2008年/初出：元就出版社，2000年，第135页。

（2）同前，第153页。

（3）同前，第177页。

（4）石長真華『フィリピン敗走記——一兵士の見たルソン戦の真実』，光人社NF文庫，2003年/初出：『人肉と日本兵——一兵士の見たフィリピン敗走の真実の記録』，自由国民社，1975年，第56页。另外，在该书中，石长使用了化名"今井好夫"，其中的人名、部队名、一部分的地名也用的是化名。石长的部队（辎重兵第十联队）也被写作"锡五四〇八部队"，而实际为铁五四四部队。我想，这并非石长记错，而是因为书中有有关上官对士兵的用刑、士兵杀害军官、食人肉等记载，著者考虑到生者、战死者的名誉问题，特意没有记录真实的人名、部队名、地名，而使用了稍不同于实名的名字。此外，书中的"今井"为23岁（同前，第98页）的"一等兵"，而石长在当时应是27岁，实际也应该不是一等兵。

（5）同前，第20—21页。该书中记载的石长所搭乘的运输船化名为"瑞云丸"，而实际为"乾瑞丸"。理由同本章注（4）。

（6）"妙高山"在该书中被改写为"妙义山"。

（7）同前，第46页。

（8）同前，第87页。

（9）同前，第119页。

（10）同前，第176页。

（11）同前，第222页。

（12）池平八『ネグロス島戦記——マンダラガン山に果てし戦友よ』，光人社NF文庫，2007年/初出：『マンダラガンの果てに』，私家版，1990年，第115页。另外，谷村为池的旧姓。

（13）同前，第40页。

（14）同前，第75页。

（15）同前，第82页。

（16）同前，第130—131页。

（17）同前，第103页。

（18）前田正雄『菊兵団ビルマ死闘記——栄光のマレー戦から地獄の戦場へ』，光人社NF文庫，2007年/初出：『戦場の記録』，私家版，2000年，第313页。

（19）同前，第315页。

（20）同前，第316页。

（21）小平喜一『湖南戦記——知られざる中日戦争のインパール戦』，光人社NF文庫，2007年/初出：私家版，1980年，第147頁。

（22）同前，第148頁。

（23）同前，第151頁。

（24）同前，第166頁。

（25）佐々木春隆『長沙作戦——緒戦の栄光に隠された敗北』，光人社NF文庫，2007年/初出：図書出版社，1988年，第55頁。

（26）川相昌一『硫黄島戦記——玉砕の島から生還した一兵士の回想』，光人社NF文庫，2012年/初出：光人社，2007年，第65頁。

（27）同前，第62—63頁。

（28）同前，第44頁。

（29）同前，第46—47頁。

（30）同前，第60—61頁。

（31）同前，第74頁。

（32）同前，第118頁。

（33）深沢敬次郎『沖縄戦と海上特攻——慶良間戦記』，光人社NF文庫，2013年/初出：『船舶特攻の沖縄戦と捕虜記』，元就出版社，2004年，第43—45頁。

（34）同前，第45頁。

（35）同前，第63頁。

（36）同前，第83頁。

（37）同前，第89頁。

（38）同前，第102頁。

（39）同前，第104頁。

（40）同前，第111頁。

（41）同前，第115—116頁。

（42）同前，第130頁。

（43）同前，第172—173頁。

（44）杉野計雄『撃墜王の素顔——海軍戦闘機隊エースの回想』，光人社NF文庫，2002年/初出：光人社，1997年，第205—206頁。

（45）岩本徹三『零戦撃墜王——空戦八年の記録』，光人社NF文庫，1994年/初出：今天の話題社，1972年，第366頁。

（46）山田朗『近代日本軍事力の研究』，校倉書房，2015年，第282頁。

（47）前述岩本『零戦撃墜王』，第373页。

（48）角田和男『修羅の翼——零戦特攻隊員の真情』，光人社NF文庫，2008年/初出：光人社，2002年，第475页。

（49）前述岩本『零戦撃墜王』，第374页。

（50）坪井平次『戦艦大和の最後——一高角砲員の苛酷なる原体験』，光人社NF文庫，1993年/初出：光人社，1983年，第204页。

（51）同前，第212页。

（52）同前，第227页。

（53）同前，第230页。

（54）同前，第247页。

（55）同前，第267页。

（56）同前，第276页。

（57）渡辺憲央『逃げる兵——サンゴ礁の碑』，マルジュ社，1979年，第41—42页。

（58）同前，第55页。

（59）同前，第70页。

（60）同前，第74页。

（61）同前，第77—79页。

（62）同前，第91—93页。

（63）同前，第95页。

（64）同前，第106页。

（65）同前，第108页。

（66）同前，第142页。

（67）同前，第146页。

（68）前述川相『硫黄島戦記』，第116页。

（69）同前，第117页。

（70）同前，第118—119页。

（71）前述渡辺『逃げる兵』，第156页。

（72）同前，第166页。

（73）同前，第167页。

（74）同前，第169页。

（75）同前，第173页。

（76）例如，1943年1月26日，陆军战斗机编队首屈一指的士官，陆军军曹穴吹智在缅甸战线中，用隼战斗机击落了B-24轰炸机1架，这被认为是日军在缅甸方面日间初次击落B-24。（穴吹智『蒼空の河——穴吹軍曹隼空戦記録』，光人社NF文庫，1996年／初出：光人社，1985年，第551页）但是，即便是对抗轰炸机战斗技术纯熟的穴吹，在面对四发重型轰炸机B-24的牢固性和防御火力时，也倍感棘手。

（77）樫出勇『B29撃墜記——夜戦「屠龍」撃墜王樫出勇空戦記録』，光人社NF文庫，1998年／初出：「私は「B29」26機を撃墜した！」，『丸』，1997年7月号—1998年2月号，第51页。

（78）同前，第53页。

（79）前述岩本『零戦撃墜王』，第380—383页。

（80）橋本以行『伊58潜帰投せり』，朝日ソノラマ文庫，1987年／初出：鱒書房，1952年，第239—240、243页。

（81）同前，第280—281页。

（82）同前，第289页。

（83）同前，第291页。

（84）佐々木春隆『大陸打通作戦——日本陸軍最後の大作戦』，光人社NF文庫，2008年／初出：『最後の打通作戦』，図書出版社，1991年，第186页。

（85）同前，第187页。

（86）前述小平『湖南戦記』，第184—185页。

（87）同前，第185页。

（88）同前，第187—188页。

（89）川崎春彦『中日戦争―兵士の証言——生存率3/1000からの生還』，光人社NF文庫，2005年／初出：光人社，2001年，第178页。

（90）同前，第181页。

（91）同前，第182页。

（92）前述前田『菊兵団ビルマ死闘記』，第363页。

（93）同前，第370页。

（94）同前，第373页。

（95）前述池『ネグロス島戦記』，第290页。

（96）同前，第291页。

（97）前述山田『ぼくの比島戦記』，第208页。

（98）前述石長『フィリピン敗走記』，第243—244页。

（99）同前，第247页。

（100）前述杉野『撃墜王の素顔』，第226页。（101）同前。

（102）同前，第229页。

（103）前述角田『修羅の翼』，第487—488页。

（104）同前，第491—494页。

（105）同前，第491页。

（106）前述深沢『沖縄戦と海上特攻』，第222页。

（107）阿部善朗『艦爆隊長の戦訓——勝ち抜くための条件』，光人社NF文庫，2003年/初出：光人社，1997年，第178页。

（108）同前，第186页。

（109）同前，第199页。

（110）前述川相『硫黄島戦記』，第139页。

（111）同前，第149页。

（112）同前，第164页。

（113）同前，第165页。

（114）柳沢玄一郎『軍医戦記——生と死のニューギニア戦』，光人社NF文庫，2003年/初出：『あゝ南十字の星』，神戸新聞出版センター，1997年，第232—233页。

（115）同前，第238页。

（116）同前，第241页。

（117）前述佐々木『大陸打通作戦』，第191页。

（118）同前，第194页。

（119）同前，第247页。

（120）土屋芳雄述、朝日新聞山形支局編『聞き書き ある憲兵の記録』，朝日文庫，1991年/初出：朝日新聞社，1985年，第228—229页。

（121）同前，第235—236页。

（122）同前，第248—250页。

（123）同前，第252—253页。

（124）同前，第255页。

（125）本田恭子『牡丹江を超えて——十七歳の従軍看護婦』，光陽出版社，1997年，第64页。此外，本田的旧姓为千田。

（126）同前，第66页。

（127）同前，第73页。

（128）同前，第80页。
（129）同前，第99页。
（130）同前，第105页。
（131）同前，第112页。

结语

战场体验的"记忆"与"历史"化

体验者人数与"记忆"的数量

为撰写本书，笔者一共查找了851部战争体验者的回忆录（单行本），涉及的撰写自己的体验或是口述回忆者超过1100人。虽然这只是战后发行的"体验""证言""记忆"中的一小部分，但应该也是能从中解读出某一倾向的一个依据。不过，撰述者年龄不明的人有很多，明确标记了年龄，或从证言内容可推断出年龄的共有448人。作者中年龄最大者是保科善四郎（1891年生，海兵41期，原海军中将），著有《大东亚战争秘史——失去的和平工作》（原书房，1975年）。年龄最小者是绫部乔（1929年生，预科练甲种14期训练中战败），著有《预科练青春记——十五岁的锤炼》（光人社NF文库，2006年/初版:《呜呼，向着蔚蓝的天空！》，元就出版社，1999年）；升本喜年（1929年生，熊本陆军幼年学校就读期间战败），著有《军国的少年——天皇消失的日子》（光人社NF文库，1997年/初版:《天皇消失的日子》，芙蓉书房，1986年）。

1937年到1945年间，日本的征兵对象为1917年到1926年间出生的男性（1944年时征兵年龄下调到19岁），也有未到征兵年龄而作为志愿兵入伍的人。加上军校的学生，有军旅体验者也包括了1929年、1930年左右出生的人。

本书探讨的回忆录、证言的当事者中，明确或能推断出年龄的448人中，最多的是1920年（大正九年）出生的，有50人。1920年前后出生的回忆录撰写者、证言人的人数分布如下。

1914年以前：152人（33.9%）

1915年：14人（3.1%）

1916年：20人（4.5%）
1917年：10人（2.2%）
1918年：28人（6.3%）
1919年：34人（7.6%）
1920年：50人（11.2%）
1921年：42人（9.4%）
1922年：26人（5.8%）
1923年：20人（4.5%）
1924年：8人（1.8%）
1925年：10人（2.2%）
1926年以后：34人（7.6%）

因为未对刊行的回忆录、证言进行全面调查，所以这并非一个准确的结果，但也能由此看出，448人中，1919年、1920年、1921年（大正八年、九年、十年）三年间出生的共计126人（占28.1%），有达到顶峰的倾向。1914年以前出生的人占了大多数，但从具体的某一年来看，寥寥数人而已。1919年到1921年间出生者，在1945年战败之时，大概是24岁到26岁，如果是征兵的话，应该已经是老兵，或已经晋升为下士官。若是志愿参军者，可能很多人已经成为部队中坚，是下士官或基层军官，在战场上直接指挥作战部队。

如上所述，1937年至1945年间，征兵对象为1917年到1926年出生的男性，其中最后三年，也就是1924年到1926年出生的人中，接受征兵检查者（222万人）入伍（陆军）、入队（海军）人数达172.4万，现役征召率近80%[1]，是征兵入伍比例最高的一代。也就是说，拥有军旅体验最多的一代，与将体验留存为"体验""证言""记忆"的一代之间，年龄有五年的偏差。

换言之，战争体验最多阶层的"记忆"，与留下回忆最多阶层的"记忆"之间，存在的微妙差异亦不足为奇。因为从对战争的被动、主动层面来讲，战争体验最多者的阶层，大半都是处在单方面奉命的立场，不得不说，他们对于所处情况相对被动（不能凭自己的判断行动的部分较多）。留下回忆最多者的阶层，正如本书中列举的人物，他们处在战争的巨大洪流之中，在一个个作为"点"的战场，可以相对比较主动地采取行动。

比如说，1944年10月，台湾海域空战之际，指挥列机的岩本彻三（1917年生），还有角田和男（1918年生）等经验丰富的飞行员，在台湾基地着陆后，完全无视了自称基地指挥官的参谋（佐官）发出的草率的出击命令，因为那不是直属上司的命令，于是假装出击，实则遵从原先的命令。这对于比他们年轻几岁的飞行员来说，是无论如何都不可能发生的，所以他们之中肯定有人不考虑前因后果，一味盲从而因此丧命。

虽然体验最多者阶层的平均"记忆"，与形成文字体验最多者阶层的"记忆"有一定的偏差，但这并不意味着后者的"记忆"价值低下。因为从这些在极限状态下直面战争的士兵的"记忆"中，能够充分汲取到应被传承的战争"记忆"重构的素材，作为"历史"化的前提。

"记忆"的重构与"历史"化

在序言中，笔者提及，本书的目的是对需要被传承的战争"记忆"进行重构，以及"历史"化。那么，从"记忆"的重构到"历史"化需要什么呢？既然我们不可能完全复原这场宏大而又远去的战争中的所有内容，那么在战争"记忆"的重构过程中，在各种相互冲突的"记忆"群里，我们必须做出取舍。而且，从"记忆"的重构再进一步进行"历史"化时，有必要对那些未被纳入公共"记忆"（各种"记忆"群的最大公约数）的"深层记忆"进行重编。为了推进这项工作，即便我们不能将战争中受害者、牺牲者的心绪完全同一化，也有必要摸索出历史叙述的方法，将这些人的存在尽可能地在"历史"中展现其"面貌"。

本书在战争体验者撰写的"体验""证言"，以及体验者通过翻阅公刊战史进行批判性探讨的基础上，为使其被传承而有意识地写下的"记忆"成为素材，试图对当下我们应当传承的"记忆"群进行重构，将太平洋战争作为"历史"，叙述"士兵的战场"。本书的基础，基本只有战争体验者个人的回忆即"体验""证言""记忆"，因此本书的历史叙述并非体系性的综合论述，而是将个人碎片化的"记忆"置于时间与空间的同一平面上进行重构。这种重构可以称为"点描式的历史叙述"或者"虫瞰图式的历史叙述"。

在本书中提及的那些经历了激战体验的人的回忆，大多以1965年左右为界，在此之后的记忆不光是仅靠自己的回忆，而是参照公刊战史，抑或向防卫厅（省）战史研究部门咨询后，将自己的行动置于更大的背景下去定位。他们会细心调查自己记忆中比较模糊的日期、地名以及发生冲突之时双方的兵力等，有时甚至也会参考盟军撰写的战史。从中可以看出，他们想要探求自己在参加的战斗、作战之中发挥的作用，寻求自己参战的意义，以及追问为何那么多的同伴要徒然死去的强烈心境。

本书中，笔者从回忆录中个人"研究"色彩较浓的部分学习到了很多。同时，在这场宏大的战争中，士兵们的战场因与周边隔绝而只能通过"点"去展现，笔者特意提取出他们的所见、所感，以及如何行动等原体验部分，试图将那些投身于战争的每个人，在地面、海上、空中的某一点上所见到的"战场"加以串联，使战争的"记忆"重构及"历史"化。

有关"历史"化所必要的"深层记忆"的纳入，笔者有意将"序言"中所指的"隐匿"和"施暴"的要素在书中加以配置，但仅从士兵单方的"记忆"来看，终究是不充分的，这需要受害者、牺牲者等"他者"立场的"记忆"对置。本书主要使用士兵的回忆录，但不可否认的是，书中有关杀害平民,以及包括"慰安妇"在内的战场上的性暴力等"施暴"的记述相对薄弱。另外,"表层记忆"虽以"荣光"与"受害"为关键词,但也有过于悲惨的"受害"转化为"隐匿"的情况。例如,在新几内亚、缅甸、菲律宾等战场处于极限状态下人们的状态,便在这一范畴之内。

战死与生还

本书由生还者的"体验""证言""记忆"构成。也正是因为他们得以生还,才能写下自己的战场体验。

当然,死者无法诉说,而在战场上经历最悲惨体验的便是死者。无论是在重庆上空被击落的中攻机组成员,还是在哥打巴鲁海岸遭到英军火力点的机枪扫射而逝去的士兵,在新几内亚欧文斯坦利岭因疲劳和饥饿而倒毙的士兵,悄无声息沉入海底的潜艇队队员,尚未接近目标就被击落的特攻队队员,不明所以就连人带运输船沉没的士兵,以及在菲律宾的山区、英帕尔、缅甸,抑或是在那些连地名都不清楚的地方耗尽气力而丧命,遭到雨打风吹化作累累白骨的士兵。还有那些卷入战争,遭遇日军的"讨伐",或抵抗粮食征发的战场平民,这些逝去的人们连自己所处的情况都不清楚,没有留下自己的任何所思所想,空虚地只剩下一具尸骸。成为生还者能进行诉说的人们,和化为白骨无法诉说的人们之间的差别,是无限大的。

在本书中出场的生还者,在战争败北之际,倾诉的并非是感到生还的喜悦,多数是因残存而感到"愧疚"。毋庸置疑,相对战死者而言,只要自己幸存下来,就是一种"愧疚"。于是,幸存者代替战死者,也是为了他们而写下了自己的体验。绝大多数的回忆录都会在"前言"或是"后记"中,表示这是对死去的人们的悼念。

无法诉说的战死者和能进行诉说的生还者之间，虽然差别是无限大的，但实际也只有一线之隔。因为，决定战场上生与死的，只是"运气"而已。在本书中出场的士兵，他们都是因为能够生还才留下了回忆和证言。但是，他们能生还这件事，是无法说明其理由的。无论技术多么高明、多么身经百战的飞行员，高射炮炮弹是否会在近处爆炸都只是"运气"问题，即使掌握了巧妙躲避炮弹的绝技，也有可能因偶然的发动机故障而无法返回自己的基地。

本书中提及的士兵，几乎都提到自己身边的"战友"战死的经历。在战场上，士兵个人的经验和本领的确能保护自己，但即使是身经百战的军人，也无法事先选择不会被潜艇鱼雷击中的运输船；漂浮在海上之时，也不能靠自己的力量决定能不能获救；就在快要被坦克碾碎的瞬间，却因坦克完成了当日的工作离开而获救，这也不是自己能选择的结果。说起来，出生在这个动荡的战争年代这件事本身，就不是自己可以选择的。

战争，虽然是因人而起，但战场上的人们无法凭借个人的力量结束战争，更不可能去选择自己的生死，或者是自己怎么去死。有些人即使自己已经有了死的觉悟，最后却得以幸存；有些人无论自己多么不想死，结果却意外地轻易死去；有些人为了活下来，而不得不夺走他人的生命，他们都被置于这样的极限状态之下，不容选择。在人类的尊严、人权、自由等被极力呼吁的20世纪，一旦战争爆发，人们还是会被抛至没有人性的状态中。从幸存者的"记忆"中我们理解到，这就是战争。

注

（1）大江志乃夫『徵兵制』，岩波新书，1981年，第145页。

相关年表

1937年（昭和十二年）

7月7日　　　　　卢沟桥事变

8月23日　　　　上海作战（至11月11日）

12月13日　　　 占领南京（入城仪式）

1938年（昭和十三年）

3月6日　　　　　台儿庄战役（第五师团败北）

5月19日　　　　占领徐州（3月14日—6月12日徐州会战）

7月26日　　　　占领九江

10月26日　　　 占领汉口（6月16日—11月11日武汉会战）

11月11日　　　 占领岳州

11月21日　　　 占领广州（11月12—31日广州战役）

1939年（昭和十四年）

2月10日　　　　占领海南岛（1月30日—2月21日海南岛作战）

1940年（昭和十五年）

5月18日　　　　陆海军轰炸重庆（持续到9月4日）

7月11日　　　　占领宜昌（5月1日—7月11日宜昌会战）

9月23日　　　　进驻法属印度北部

1941年（昭和十六年）

9月18日　　　　第二次长沙会战（至10月13日）

12月8日　　　　第二十五军（山下奉文中将）登陆马来半岛

　　　　　　　　海军偷袭夏威夷珍珠港，并空袭菲律宾

12月10日　　　 马来海战（英军损失战舰"威尔士亲王"号和"反击"号）

　　　　　　　　日军登陆菲律宾北部

12月24日	第三次长沙会战（至1月22日）
12月25日	第二十三军占领香港

1942年（昭和十七年）

1月2日	第十四军（本间雅晴中将）占领菲律宾首都马尼拉
1月11日	第五师团占领吉隆坡
1月19日	第十五军进攻缅甸（3月8日占领仰光）
2月15日	第二十五军占领新加坡（之后将其更名为"昭南岛"）
2月27日	泗水海战（日军舰队与美军舰队在太平洋战争中的首次海战）
3月1日	第十六军（今村均中将）登陆爪哇岛（3月9日爪哇的荷印军投降）
3月12日	美国远东军总司令麦克阿瑟与幕僚一同撤离科雷希多岛
4月5日	海军机动部队进击印度洋，空袭科伦坡，击沉2艘英军巡洋舰
4月9日	海军机动部队空袭亭可马里，击沉英军"竞技神"号航母
4月18日	美陆军杜立德队的16架B-25空袭东京、名古屋、神户等地
5月5日	大本营下令攻占中途岛和阿留申群岛等要地
5月7日	第十四军占领菲律宾科雷希多岛（"南方进攻作战"告一段落）
	珊瑚海海战（至5月8日，航母间的首次航空海战，美国损失"列克星敦"号航母）
5月18日	大本营下令准备旨在切断美澳两国联系的FS作

	战（斐济、萨摩亚攻略作战）
6月5日	中途岛海战（日军损失"赤城"号、"加贺"号、"苍龙"号、"飞龙"号航母，美军损失"约克城"号航母）
6月30日	德意联军抵达北非的阿拉曼
7月11日	中途岛战败，日军大本营决定暂停南太平洋进攻作战，下令对莫尔兹比港发动陆路进攻
8月7日	美军19000人登陆瓜达尔卡纳尔岛，开始首次反攻作战
8月8日	第一次所罗门海战（美澳损失4艘重巡）
8月21日	登陆瓜岛（8月18日）的一木支队（第1梯团）进攻失败，全军覆没
8月24日	第二次所罗门海战（日军损失"龙骧"号航母及1艘驱逐舰）
8月28日	第十七军暂停进攻莫尔兹比港（9月26日开始撤退）
9月12日	川口支队在瓜岛发起进攻（8月31日登陆，9月14日进攻失败）
9月14日	伊号第十九潜艇击沉美军"大黄蜂"号航母
10月23日	盟军在北非的阿拉曼开始反攻
10月24日	第二师团在瓜岛开始总攻（10月25日败退）
10月26日	南太平洋海战（美军损失"大黄蜂"号航母）
11月8日	美英联军开始北非的登陆作战
11月12日	第三次所罗门海战（至11月15日，日军损失"比叡"号、"雾岛"号战舰，1艘重巡，4艘驱逐舰；美军损失3艘轻巡，6艘驱逐舰）
11月19日	苏军在斯大林格勒开始反击
12月5日	参谋本部与陆军省在征用船舶问题上发生冲突

	（12月17日田中新一作战部部长被罢免）
12月8日	新几内亚的巴萨布亚日军"玉碎"（800人战死）
12月31日	大本营御前会议，决定撤离瓜岛

1943年（昭和十八年）

1月20日	新几内亚东部·布纳方面日军全军覆没（战死7600人）
2月1日	日军开始撤离瓜岛（2月7日11000余人完成撤退，25000人战病死）
2月2日	斯大林格勒的德军投降
2月14日	英军温盖特旅渡过钦敦江，进攻缅北平原
3月3日	为增援新几内亚，第五十一师团7艘运输船在丹皮尔海峡全军覆没〔3月1日又被击沉1艘，共计3600人沉入海底（丹皮尔海峡悲剧）〕
4月7日	"伊号作战"（所罗门·新几内亚东部空战至4月14日）
4月18日	联合舰队司令长官山本五十六在机上战死（死于去布干维尔岛巴拉莱基地的途中，5月21日公布死讯，6月5日国葬）
5月12日	北非的德军投降（5月13日意军投降）
	得到美第五十一机动部队掩护的美军（约11000人）登陆阿图岛
5月29日	阿图岛守备队（山崎保代大佐指挥）2576人"玉碎"（被俘29人）
7月10日	盟军登陆西西里岛（7月19日轰炸罗马）
7月12日	苏军在库斯克地区开始反击
7月24日	美英联军轰炸汉堡（至7月30日炸死者约3万人）
7月29日	日军约5200人从基斯卡岛撤退

8月7日	南方军下令缅甸方面军准备英帕尔作战（8月上旬作战计划得到大本营批准）
9月3日	意大利与盟军签署秘密休战协议
9月4日	美澳联军登陆新几内亚的莱城—萨拉毛亚
9月8日	意大利无条件投降（秘密协议公布）
9月22日	盟军登陆新几内亚东部·芬什港
9月30日	大本营设定"绝对国防圈"，防线后移到马里亚纳—加洛林—西新几内亚一线
10月2日	颁布《在学征集延期临时特例法》，停止对学生征兵的缓期（10月15日在全国实施学生的征兵检查，12月1日入伍）
10月12日	约200架美军战机实施拉包尔大空袭
11月1日	美军登陆布干维尔岛托罗基纳
11月5日	东京召开"大东亚会议"（六国代表与会）
	第一次布干维尔岛航空战（第二次布干维尔岛航空战爆发于11月8日，第三次布干维尔岛航空战爆发于11月11日，第四次布干维尔岛航空战爆发于11月12日，第五次布干维尔岛航空战爆发于11月17日，第六次布干维尔岛航空战爆发于12月3日）
11月15日	新设海上护卫总司令部（司令长官为及川古志郎大将）
11月21日	美军登陆吉尔伯特群岛（马金、塔拉瓦）
11月24日	马金岛守备队"玉碎"（战死798人）
11月25日	塔拉瓦岛守备队"玉碎"（战死4690人，被俘146人）
11月28日	罗斯福、丘吉尔、斯大林在德黑兰会谈（设定于12月1日开辟欧洲第二战场，协议苏联对日

	参战）
12月1日	第1回学徒兵入伍（"学徒出阵"）
12月15日	美军在新不列颠岛默库斯登陆
12月21日	内阁会议决定《都市疏散实施纲要》
12月23日	曼谷遭到印度方面的首次空袭

1944年（昭和十九年）

2月17日	美机动部队在特拉克岛实施大空袭（至2月18日日军损失43艘舰船，270架飞机）
3月8日	缅甸方面军开始英帕尔作战
3月22日	大本营组建台湾军与第三十二军（冲绳）（均为大本营直辖）
4月17日	中国派遣军开始一号作战（豫湘桂战役）
6月4日	盟军攻克罗马
6月6日	盟军开始诺曼底登陆
6月15日	美军开始登陆塞班岛
6月16日	中国基地的美B-29首次空袭九州
6月19日	马里亚纳海战（至6月20日），联合舰队的航母部队毁灭
7月1日	大本营决定中止英帕尔作战（战死约3万人）
7月7日	塞班守备队"玉碎"（战死约3万人，被俘约1000人，百姓死亡约1万人）
7月7日	紧急内阁会议决定南西群岛的老幼妇孺、学童到县外集体疏散
7月18日	东条英机内阁总辞职（7月22日小矶国昭内阁成立）
7月24日	大本营下令准备横跨菲律宾、中国台湾、南西群岛、日本本土、北方各地的"捷号作战"

8月8日	日军占领衡阳（豫湘桂战役）
8月22日	"对马丸"（学童疏散船）被击沉（1484人中，学童766人死亡）
8月25日	盟军攻克巴黎
9月21日	大本营决定捷1号方面即菲律宾方面为决战方面
10月3日	美联合参谋部命令尼米兹将军于1945年3月1日登陆南西群岛（确保据点），命令麦克阿瑟大将于1944年12月20日登陆吕宋岛
10月10日	美机动部队在南西群岛实施大空袭（十十空袭）
10月12日	台湾海域空战（至10月15日。10月19日大本营发布"炸沉击沉11艘航母、2艘战列舰"）
10月20日	美军4个师登陆莱特岛东岸（大本营决定莱特岛决战方针）
10月23日	莱特海战（至10月26日），联合舰队的水上部队几乎全军覆没
10月21日	海军特别攻击队首次出击
11月10日	中国派遣军占领桂林、柳州（豫湘桂战役）
11月24日	约70架马里亚纳基地的B-29首次空袭东京
12月19日	大本营放弃莱特岛地上决战方针（12月27日，上奏放弃决战）

1945年（昭和二十年）

1月9日	美军登陆吕宋岛林加延湾
1月19日	粤汉打通作战（至1月27日）
2月3日	美军进入马尼拉市（3月3日占领马尼拉市）
2月14日	近卫文麿单独上奏天皇"败战必至"
2月19日	美军开始登陆硫黄岛（3月17日诀别电报，3月26日"玉碎"）

3月10日	美B-29在东京实施大空袭（3月14日大阪大空袭）
3月18日	美军舰载机攻击九州各地（至3月19日，3月28—29日）
3月26日	美军登陆庆良间群岛的座间味等岛
4月1日	美军4个师开始登陆冲绳本岛中部西海岸，占领北部、中部机场
4月5日	小矶国昭内阁辞职（4月7日铃木贯太郎内阁成立）
4月7日	开往冲绳的海上特攻队（"大和"号以下10艘）主力覆灭
4月8日	大本营下令制订《决号作战准备纲要》的本土作战计划
4月中旬	湘西会战（至5月9日）
4月24日	苏军突入柏林（5月2日，柏林陷落）
4月25日	美苏两军在易北河河畔会师
4月30日	希特勒自尽，邓尼茨继任总统
5月3日	英印军占领仰光
5月4日	冲绳，日军第三十二军开始进攻（5月5日终止）
5月8日	德军在柏林签署无条件投降书
5月14日	最高战争指导会议决定对苏交涉方针（开始终战工作）
5月22日	日军第三十二军决定向冲绳南部撤退（5月26日向大本营报告）
6月1日	美军突入首里
6月23日	第三十二军司令官牛岛满、参谋长长勇在冲绳南部的摩文自戕
6月25日	大本营发布冲绳战役期间日军的组织作战"最终阶段"

6月下旬	马里亚纳基地的B-29、冲绳基地的B-24、硫黄岛的P-51等加入后,美军对中小城市的燃烧弹攻击、交通破坏攻击活跃
7月16日	美军的首枚原子弹爆炸实验成功
7月26日	盟军发表对日波茨坦公告
7月28日	铃木首相发表"无视波茨坦公告,战争迈进"的主题谈话
7月30日	驻苏大使佐藤向苏联请求附带条件的和平斡旋
8月6日	美军向广岛投下原子弹(8月9日向长崎投下原子弹)
8月9日	苏军开始进攻"满洲"、朝鲜、萨哈林
8月10日	御前会议(至8月11日),决定以"国体护持"为条件,接受波茨坦公告
8月14日	御前会议决定无条件投降,此决定通过中立国向联合国提出
8月15日	以广播形式发表终战诏书
8月28日	盟军最高司令官麦克阿瑟到达厚木
9月2日	日本政府于美战舰"密苏里"号上签署投降书
9月7日	南西群岛的日军签署投降书
9月13日	大本营关闭

后记

我之所以会去寻求战争体验者的"体验""证言""记忆",以太平洋战争为舞台,尝试对"士兵的战场"中应当被传承的记忆进行重构,大概是因为在不知不觉之间,受到父亲的战争体验的影响吧。父亲于1920年(大正九年)出生,1940年接受了征兵检查,1942年被征召入伍,1943年作为甲种干部候补生进入久留米预备士官学校,1944年1月任陆军步兵少尉。同年5月作为第一一〇机场大队的警备部队长(对空战斗、基地防卫指挥官),在马尼拉登陆。之后,父亲被派到印度尼西亚哈马黑拉岛进行增援,但运输船在途中遭到美军潜艇的攻击而损毁,又回到了马尼拉。后被派到北婆罗洲,又患上了疟疾,却在生死关头迎来了日军的战败。战败时父亲已经晋升为陆军中尉。他在俘虏收容所生活了一段时间,于1946年4月返回广岛县大竹港,并复员。第二年,26岁的父亲进入明治大学读书,在唯一一张入学纪念照上,他穿的并非学生服,而是复员服(军装)。

我在小的时候,出于兴趣,时常央求父亲讲一讲"战争的事情"。但是我从父亲的口中,从来感受不到一丝英勇,虽然他是对空火器的指挥官,但大概没有击落过一架敌机。他跟我讲了他们的大队长(少佐)因为太过害怕总是躲进防空壕,而且每每比父亲(少尉)更快跑到最里面躲避,并在那里瑟瑟发抖的事;战斗机飞行员故意胡乱着陆,弄坏飞机起落架的事。还讲了他们进森林里去觅食期间,飞机轰炸的声响让树上的山蛭都掉了下来等让人不快的事。谈话中父亲丝毫没有提及战友们勇敢的战斗场面,但也没有对战争进行批判的言论。不过,每当父亲看到有关战争的电视剧和电影里步兵勇猛地冲向坦克,打开舱口扔下手榴弹的场面时,他总是苦笑着说:"像这样的事情,我绝对做不到。"

我那时候以为,父亲大概是没有太多的战争体验。但长大后,我开始思考,如果当时驶向哈马黑拉岛的运输船没有"损毁",而是沉没;或者在婆罗洲机场,父亲没有逃进防空壕,而是勇敢地对抗敌机;抑或是父亲的疟疾病情十分严重的话,无论哪种情况,父亲若是"战死",我便不能来到这个世界。虽然这样的体会来得晚了些,但我也意识到,自己的存在原来被战争所左右。虽然意识到了这一点,却也未能来得及和父亲说说,他就去世了。

时光流逝,总觉得自己忘记了去做某些事。就在这个时候,获得执笔《士兵们的中日战争》[《岩波讲座·太平洋战争(5):战场的诸相》,岩波书店,2006年]的机会,借此,我也无意中认识到自己忘记去做的事,于是决定整理《士兵的战场》。在这个过程中,我一门心思地阅读史料(回忆录),也没有确定历史叙述的方法。因为总感觉如果按照以往的叙述方法,便不能勾勒出战场士兵的真实样貌,所以整理工作一再延误。

即便如此,还是赶在"战后"70年这一重要的时间点完成了本书,这多亏了在执笔过程中给予了各种意见的岩波书店编辑部吉田浩一氏,在此我表示衷心的感谢!

2015年7月7日
山田朗

译者后记

日本学界在20世纪70年代以后，社会史、民众史研究逐步取代了历史研究中的宏大叙事。近年来，民众视角更是备受关注。日本岩波书店自2010年后相继出版了一系列有关追问日军在战时、战后记忆的著作，包括吉田裕著《士兵们的战后史》、成天龙一著《战争经验的战后史》、笠原十九司著《日军的"治安战"》等，其中，山田朗的著作《士兵的战场：体验与记忆的历史化》（日文标题《兵士たちの戦場——体験と記憶の歴史化》）也包含在内。有幸受到季我努学社委托，我于2020年初开始着手翻译本书，年末完成了初稿。

山田朗先生是明治大学文学部教授，日本近现代史学家、军事史学家。著作较多，其中《大元帅·昭和天皇》《军备扩张的近代史——日军的膨胀与瓦解》《昭和天皇的军事思想与战略》《日本如何面对历史》等深入阐释有关"战争责任"问题。

本书如标题所示，战争的"体验"与"记忆"是本书的关键词。"战争记忆"是战争的历史记忆，它在被继承的过程中，各种相位的"记忆"经历重构、选择，最终形成"历史"。战后随着战争亲历者的相继离世，中日两国民众都需要共同面对新问题的挑战，即战争记忆的"模糊化"问题。进入21世纪以来，日本大部分人口都是战后出生，未曾经历过战争本身，被称为"不知战争的一代"，他们对战争的意识淡薄，缺乏关心。学者们曾指出："日本总是片面强调受害经验，回避加害责任，在战争记忆上呈现出'受害者记忆'的特征。"长期以来，日本"加害"的责任意识与反省意识，并没有成为围绕侵略战争进行的公共领域中话语表达的核心，而通过公共教育、大众媒体等获得的战争记忆却是经过了选择与加工，民众无法通过此类媒介真正理解近现代中日关系与战争问题，最终使得日本民众形成"受害共同体"认同，这对中日关系产生的负面影响显而易见。

迄今为止，战争记忆尚未取得历史共识和社会共识。在日本政府强兵、改史、政治总体右倾的大环境下，如何让历史说话，驳斥日本虚构派的妄说，意义毋庸赘述。因此，研究战争亲历者的个体记忆具有重要的历史与现实意义。个人化的叙事在个体生命的叙述中展示战争的细节，为多角度地印证日本战争责任问题，重建战争记忆充当了重要角色。

二战时期，侵华日军留下了大量日记、书信，在战后撰写了大量回忆录。这些作品记录了日军的亲身经历、所见所闻及心理体验，其中不乏日军在华的种种罪行与侵略行径的记载。与教科书中的历史书写、官方修史不同，亲历者的战争体验、证言与个体记忆，为日本侵华战争提供了更多事实例证，补充了历史细节，亦可以其个人的战争体验回应美化侵略历史的诡辩。以往的研究因利用资料有局限，多集中在对史料的宏观介绍与资料整理，对局部细节的深度解读不够，我们应给予这些战争体验的个人叙事充分的重视、呈现与分析论述，使其有效地历史化。山田朗先生所著本书中，选取近100名士兵（包括从军记者两名、从军护士一名）直接体验的部分，对其个人的"经历""证言""记忆"进行了重构，将不同个体的叙述置于时间与空间的同一平面上，对其承载的历史记忆进行点画式的历史叙述。这在一定程度上为我们提供了日军士兵所经历的、在记忆中残存的战场实态，并介绍其历史特征。山田朗先生的叙述给了我们独特的视角，让我们从战争直接参与者、施害者的角度去整体概观战场现实，审视战争本质。

比较特殊的一点是，书中第一名登场的是海军战斗机飞行员"击落王"岩本彻三的初战，接着登场的是搭乘驱逐舰，执行"海上封锁作战"的下士官大高勇治。由此可见，作者并不只局限于讨论陆战，而是有意识地强调，日本侵华战争，并不只是一般印象中的陆上战争，而是包括了空战、海战的一场总力战。且无论是空战，或是海战都存在和陆地上一样的残暴行为，如将临检的船只焚毁，或是击毙反抗的中国人等。

正如结语部分所述："在人类的尊严、人权、自由等被极力呼吁的20世纪，一旦战争爆发，人们还是会被抛至这没有人性的状态中。从幸存者的'记忆'中我们理解到，这就是战争。"战争曾经打破了人们的正常生活，破坏了和平和安宁，战争之后的和平局面来之不易。时间远去，战争记忆逐渐风化，更需要日本正视侵略历史，尊重历史真相，深刻反省战争责任，引导民众自觉呼吁、拥护和平。

原文叙述通俗易懂，翻译中比较困难的是，日文的"中国化"处理。日语表达中，定语或定语从属句较长，这也是日语语言的特点，若按照原文文字结构翻译，则会语句不通。所以翻译之时必须兼顾原文文意以及通顺表达。对于书中一些特殊的名词术语或日方称呼，我则通过注释的方式进行说明，以便于读者阅读理解。另外，为方便读者查询相关文献，保留了章后注的形式，注释中所引日文文献出处也保留了原文。

感谢季我努学社给我这个机会，让我对二战历史尤其是军事史方面也有了更进一步的重新学习与学术锻炼。此书译校过程中，重庆出版社的编辑给予了许多宝贵意见，特此致谢。另外，受掌握的资料和水平所限，书中难免存在错误或不当之处，敬请批评指正。

张煜
2023年4月
于南通大学

译者介绍

译者张煜，现任南通大学外国语学院副教授，日本神户学院大学历史信息论博士。主要研究方向为近现代中日关系、中日历史教育。主持教育部人文社科项目"侵华战争时期日军日记的搜集、整理与研究"，完成江苏高校哲学社会科学研究项目、南通市社会科学基金课题等。

代表作为《中日历史教科书的课题》，编译《侵华日军密档 中国共产党是中国抗战中流砥柱的佐证 第四卷》并组织团队编译关东军镇压东北义勇军史料档案中的5卷本，在国内《理论月刊》《日本侵华南京大屠杀研究》《山西档案》《光明日报》、日本《史学研究》《人间文化》等国内外期刊、报纸上均发表过论文。

出版说明

承前启后 继往开来
——写在《日本远东战争罪行丛书》第三辑出版之际

时光如白驹过隙，距离《日本远东战争罪行丛书》第一辑出版快十年了。丛书第一辑新书发布会的场景还历历在目。2015年12月4日，在中国社科院近代史所学术报告厅，数十位著名学者济济一堂，对于丛书第一辑的出版给予了高度评价。

该系列丛书先后获得了国家"十二五""十三五""十四五"国家重点出版物规划项目，以及中宣部、新闻出版总署一百种抗战经典读物、国家重点主题出版物、国家出版基金等各项荣誉近十项。张宪文先生评价该丛书为"从全球视角揭露日本战争罪行的典范之作"。中国日本史学会荣誉会长汤重南先生评价该丛书："聚焦不同国家、不同身份、不同遭遇的个人或者群体身上，比如劳工、战俘、'慰安妇'，甚至被奴役者的家属等，让日本远东战争罪行的全貌越来越清晰地呈现在世人面前。"

丛书甫一诞生，就得到了众多抗战史名家的厚爱。丛书第一辑邀请了张宪文先生和中国抗战史学会原会长、中国社科院近代史所所长步平研究员撰写总序。第二辑邀请了张宪文先生和汤重南先生撰写总序。第三辑几乎沿用了第二辑的总序——两位泰斗又与时俱进地将总序进行了修订。

宪文先生是我亲爱的祖师爷，也是季我努学社的荣誉社长，在季我努学社的发展过程中，他对我的指导和鞭策非常多，可谓耳提面命、指导有加。他作为丛书总顾问，对于《日本远东战争罪行丛书》一直非常重视，丛书的组稿始终贯穿着宪文先生关于亚洲·太平洋战争的学术思想——宪文先生一直认为中国战场是亚洲·太平洋战场的一部分,丛书应该将日本战争罪行的研究越出中国大陆的范畴,更多地着眼于日本在二战期间制造的在中国大陆以外的战争暴行——包括日军在亚洲·太平洋地区对于东南亚国家和西方国家的战俘和平民的战争暴行的研究。相对于国内学者主要搞的日军侵华战争暴行研究,基于"亚洲·太平洋战争史观"的《日本远东战争罪行丛书》从更加宽广的层面响应了习近平总书记"从全球史视角整理抗战史料"的伟大号召。

在这一点上,我和宪文老师的看法一致,我也认为中国的抗日战争,应该放到亚洲·太平洋战争的历史框架当中去。所以我按照宪文老师的指导思想遴选的都是名家名作——每一本书都记录了日军在二战期间制造的战争暴行。丛书中的很多图书具有填补国内学术空白的价值,出版后受到很多国内主流媒体的关注,得到了大量的报道。

有些书甚至在国内出版后,在国际上产生了一定的影响力——中国媒体和国外媒体去采访相关暴行的受害者,以及相关专著的作者。比如,揭露日本征发白种人妇女充当"慰安妇"的《被折断的花朵:八个荷兰"慰安妇"的伤痛回忆》在国内出版后,除《环球时报》等国内权威媒体刊发大篇幅文章外,还在荷兰国内产生了较大反响。很多荷兰媒体,以及中国驻荷兰的媒体纷纷去采访本书的作者和译者——《人民日报》欧洲版专门采访了本书日文版译者、荷兰莱顿大学村冈崇光教授,采写的大幅报道发表在2015年8月24日的《人民日报》欧洲版上。

宪文老师对丛书的关心,不单表现在丛书遴选图书的指导原则上,他对于丛书的翻译质量也非常强调,乃至入选书目的国内版序言,他都要提出具体的指导意见——如专家写得比较短,他就要求专家增加篇幅。

由于丛书选题的重要学术价值,抗战史学界和日本史学界、国际关系史、军事史学界的诸多著名学者给予了高度肯定和大力支持。诸如中国日本史学会荣誉会长、中国社科院世界史所研究员汤重南先生、中国抗战史学会原会长、中国社科院近代史研究所所长步平研究员，华东师范大学历史系王斯德教授，大连民族大学原副校长关捷教授，北京大学历史系王晓秋教授，中国社科院近代史所荣维木研究员，中国第二历史档案馆原馆长马振犊研究员，重庆市委宣传部副部长、西南大学中国抗战大后方历史文化研究中心主任周勇教授，河北师范大学原党委书记戴建兵教授，四川旅游学院校长王川教授，南京师范大学副校长张连红教授，西南大学党委副书记潘洵教授，中山大学国际关系学院院长庞中英教授，上海师范大学人文学院院长苏智良教授，上海交通大学东京审判研究中心主任程兆奇教授，浙江大学蒋介石与近代中国研究中心主任陈红民教授，北京师范大学历史学院院长张皓教授，《军事历史研究》杂志主编、南京政治学院历史系宗成康教授，军事科学院《军事历史》杂志主编刘向东研究员，国防大学战略研究所所长孟祥青教授，南京大学历史学院李玉教授，上海交通大学国际关系与公共事务学院翟新教授，日本长崎县立大学国际社会学院祁建民教授，中国人民大学历史学院杨雨青教授等数十位著名学者，为丛书撰写了精彩的总序、序言和推荐语。还有很多著名学者，请恕我不一一列举了。

日本远东战争罪行丛书自2015年出版以来，十年时间一晃而过，丛书由第一辑的五卷本，随着持续出版，变得越来越厚重。然而揭露日本战争罪行的历史责任，对于季我努学社的译者和重庆出版社的编辑们来说，从未懈怠。现在丛书已经进入成熟阶段，书目的积累，包括未来准备翻译的名家名作的积累，已经达到相当厚重的程度。季我努学社在众多名家的指导下，在众多伙伴们的共同努力下，发展为一个优秀的以青年学者为主的学术翻译团队。我们从翻译日语和英语，现在已经发展为可以翻译英、日、法、德、意、俄、西、葡、希等语种的军事历史翻译团队。

我们的学术蓝图也越来越清晰，目前主要将学术视野放在中共党史和抗日战争史上，进一步细分，可以说是三大板块：长征史、中共抗战史及亚洲·太平洋战争中日本战争暴行研究。中共抗战史又被细分为五大板块：东北义勇军与东北抗联、八路军、新四军、华南抗日游击队、中共对日情报战。我们的核心工作，仍然是甘当史学界的铺路石——持续地为国内学界提供新鲜的海外大型史料，以及译介国外关于以上三大板块的外文专著、回忆录等。不过，未来我们将强化学术研究工作，争取在以上三大板块上推出研究性丛书。

在季我努学社学术目标的实现上，重庆出版社提供了巨大助力——学社的很多重要学术成果都在重庆社推出，初步统计学社与重庆社携手合作，获得的国家级出版荣誉就已接近20项，而在这些沉甸甸的荣誉中，通过《日本远东战争罪行丛书》获得的国家级荣誉超过了半数。我要衷心感谢重庆出版社原董事长罗小卫、原党委书记陈兴芜、原副总经理陈建军，以及现在担任重庆出版社党委书记、董事长、总编辑的郭宜编审及徐宪江副总编辑，以及重庆出版社北京公司原总编辑、重庆出版社社科分社现任社长的秦琥老师，与重庆出版社北京公司现任总编辑连果老师。我也要感谢从第一辑开始，就为丛书付出巨大心力的众多编辑老师们——他们是陈丽、李翔、何彦彦、马巧玲、高芳芳、刘霜等老师，第三辑的顺利出版，张铁成主任出力最多！

郭宜书记是郭汝瑰将军的亲孙，我研究民国特工史，恰巧对郭汝瑰将军很熟悉，因此与他认识很多年，可谓情谊甚笃，合作愉快——"十三五"国家重点图书出版规划项目和国家出版基金资助项目《联合国欧洲办事处图书馆馆藏中国禁毒问题档案·第一辑》已经顺利精装出版。徐宪江副总编和我共同策划了《日本远东战争罪行丛书》，他待人真诚，是一个非常优秀的编辑，我见证了他一步一步由北京公司部门主任走上了出版社副总编的领导岗位。我相信在他们的坚强领导下，《日本远东战争罪行丛书》一定可以取得更大的学术和出版成就！

十年光阴，转瞬即逝。学社的很多伙伴，已经从意气风发的青年学者，成长为成熟稳重的教授、博导。季我努学社也由小到大，拥有了众多的伙伴。学社在《日本远东战争罪行丛书》的规划上，希望逐步涵盖东京审判庭审记录上面所提及的日本在广大亚洲·太平洋占领区的所有著名战争暴行——力争每一种著名战争暴行，都能够找寻到权威厚重的学术专著并翻译出版。此外，我们将倡导并支持国内学者开展对中国以外地区日本战争暴行的研究——推出研究性丛书，并将其纳入《日本远东战争罪行丛书》——未来我们也将热烈欢迎扎实厚重的日本在华战争暴行原创性著作加入丛书。

这篇出版说明，算是对前三辑的一个总结，我之所以起"承前启后 继往开来"这么一个标题，有两个意思。一是希望我们未来的丛书，能够"承前启后 继往开来"，拿出更加扎实的研究成果奉献给学界；二是对学社的伙伴和朋友们说的，希望年轻学者可以继承前辈学者的学术风范，在抗战史研究及日本战争罪行研究上"承前启后 继往开来"。年轻学者应该奋发进取，推出推陈出新的研究成果，以回报前辈学者的指导和支持。

很多年轻学者已经成长起来，走到了抗战史研究的前台。所以我在第三辑当中，邀请了诸如中国传媒大学广告学院院长赵新利教授，浙江大学中国近现代史研究所所长肖如平教授，山东大学新闻传播学院俞凡教授，山西大学中国社会史研究中心主任张俊峰教授，外交学院英语系主任冉继军教授，南京大学文学院暨学衡研究院刘超教授，武汉大学历史学院王萌教授，西安邮电大学马克思主义学院院长袁文伟教授，广西民族大学东南亚语言文化学院覃秀红院长，杭州师范大学人文学院周东华教授，山东师范大学历史文化学院杨蕾教授，广西大学外国语学院彭程教授，南京医科大学医学史研究中心主任李沛霖教授，燕山大学马克思主义学院包巍教授，北华大学东亚历史与文献研究中心赵文铎教授，重庆抗战遗址博物馆钱锋副馆长，南京大学中华民国史研究中心吕晶副主任，华南师范大学华南抗战研究中心吴佩军研究员，四川师范大学外国语学院佘振华副院长，山西大学国家革命文物协同研究中心刘伟国副主任，《中华儿女》报刊社采编中心任华南总监等青年学者中的翘楚，来撰写序言和推荐语。

请青年学者走到前台来，并不意味着完全由青年学者独挑大梁，相反，丛书更需要前辈学者的指导和支持。所以在第三辑当中，我还邀请了北京师范大学历史学院院长张皓教授、山东大学历史文化学院徐畅教授、安徽大学历史系武菁教授、重庆大学新闻学院副院长张瑾教授、辽宁大学历史学院院长王铁军教授、长春师范大学历史文化学院张晓刚教授、河北师范大学历史文化学院张同乐教授、香港中文大学化学系刘志锋教授、重庆大学档案馆馆长杨艳研究馆员、洛阳师范学院历史文化学院原院长湛贵成教授、侵华日军第七三一部队罪证陈列馆金成民馆长撰写序言和推荐语。

感谢各位老师对丛书的鼎力支持！丛书的顺利出版，最要感谢的就是辛勤的译者老师们。从第一辑开始，以我为主任的翻译委员会的各位成员们，就如辛勤的小蜜蜂一样，对书的内容进行了精心的翻译。以日本学习院大学张煜博士、复旦大学李越博士、洛阳外国语学院李学华博士、澳门科技大学叶龙博士为首的翻译团队——他们都是在国内高校、科研院所任教的优秀青年学者，他们对于丛书翻译的贡献功不可没。从第三辑开始，为进一步提高翻译质量，我又特别邀请了张晓刚、湛贵成、刘超、彭程、吕晶老师对五本书的全文进行了逐字逐句的审校。《日本远东战争罪行丛书》的翻译质量一直受到学界肯定，我们将继续保持这一优良传统。

最后，我想专门缅怀一下对丛书的进展始终保持高度关注，并对我个人指导、提携有加的三位著名学者。他们是汤重南、步平、荣维木先生。

汤先生对季我努学社非常支持，对我个人可谓关怀备至——汤先生始终关怀着丛书的出版工作，对于书目的遴选，提出过非常具体的指导性意见，甚至还帮忙找过译者。汤先生入院前，我请他和杨天石、马勇、雷颐等先生在朝内南小街的徽商故里聚会——当时汤先生还精神矍铄，神采奕奕，说自己可能肾出了一点儿毛病，需要入院治疗一下。没想到汤先生入院后，身体一直没有恢复，后来由于感染新冠肺炎突然故去。他的逝世是中国抗战史学界、日本史学界的巨大损失，每当怀念起汤先生和蔼可亲的音容笑貌，以及对我个人春风化雨的关怀，我一直悲痛不已。我想丛书第三辑的顺利出版，也是对汤先生的一种告慰。

汤先生跟我可以说是忘年交，他对于季我努学社整理抗战史料的工作一直非常肯定和支持。对我而言，让我心理上感到一丝安慰的是，我算是遂了汤先生想回重庆看看的夙愿。汤先生出生在重庆，所以才叫"重南"，但是他出生后就一直没有回过重庆。2021年6月，我与郭宜书记、钱锋老师在重大举办"联合国欧洲办事处图书馆馆藏中国禁毒问题档案整理与研究"学术研讨会——钱锋老师是分卷主编之一。我特别邀请汤先生莅临。会议结束后，我又特别请钱锋兄安排年轻教师，专门陪同汤先生去歌乐山下寻找他当年居住的老房子——可惜重庆发展日新月异，当年的老房子已经变成了繁华的高楼大厦。汤先生后来说，长大后，一直想回重庆看看，但由于工作繁忙一直没有机会，此次研讨会，算是遂了心愿了——汤先生是日本史、抗战史大家，作为国家对日外交的重要智囊、日本史学会的灵魂人物，实在是太忙了。

步平、荣维木老师对我及学社的成长支持力度非常大。

最初认识步老师是我在南京师范大学读历史学本科的时候，连红老师邀请步老师给我们作报告。步老师大家风范令我折服，讲座结束后，我还向步老师请教了一个抗战史的问题。步老师一点儿架子也没有，耐心地回答。当时我备受鼓舞。我硕士毕业后，到新华社解放军分社工作。由于在北京，便有了更多接触步老师的机会。步老师与我硕导连红老师有深厚情谊，因此步老师对我指导、关照有加。他见我始终没有放弃对于历史学的追寻，非常鼓励和支持，多次拨冗为我这个名不见经传的青年人的新书撰写序言、总序。《日本远东战争罪行丛书》第一辑的总序，就是步老师亲笔撰写的。我至今还记得，并将永远铭记。步老师对我个人的教诲：从事抗战史研究，要保持冷峻，不要太感情化。

荣维木老师对于我个人的成长可谓是鼎力支持。他一直是古道热肠，对于我在抗战史料的整理与研究上给予了非常多的指导。我曾经请荣老师到多个城市参与"季我努沙龙"的公共讲演。每次讲座结束聚餐的时候，荣老师总是豪爽地说："国平，整点儿白的。"丛书第一辑专家研讨会非常盛大，荣老师一个人主持完全场。得知荣老师生病后，我立即去医院看他，那个时候肿瘤已经从肝部转移到脑部，但他充满乐观，情绪饱满，还跟我谈抗战史应该关注的新领域。等我第二次去医院看望他时，老人家已经到了弥留之际，我恳求医生许久，才被许可去见他一面。当时荣老师已经不能说话，他看着我，不能说话。我眼泪止不住地往下流，也说不出话来，被医生劝告不许哭，我放下一点儿心意，就被推出病房外。

时常想起三位敬爱的师长，不免热泪盈眶，每年清明，我都专门给他们烧点儿纸，表示怀念和敬意！

衷心地祝愿所有参与《日本远东战争罪行丛书》翻译、指导、编辑工作的名家、译者和编辑老师们身体健康，请大家多多保重！也请读者朋友和方家们对丛书多提宝贵意见，不足之处，多多指正，多多包容！

季我努学社社长

《日本远东战争罪行丛书》主编

四川师范大学革命文献研究院执行院长、教授

范国平

2025年5月10日